Hermann Franz Moritz Kopp

Über ältere alchemistische Schriftsteller im Allgemeinen

Hermann Franz Moritz Kopp

Über ältere alchemistische Schriftsteller im Allgemeinen

ISBN/EAN: 9783743695221

Hergestellt in Europa, USA, Kanada, Australien, Japan

Cover: Foto ©ninafisch / pixelio.de

Weitere Bücher finden Sie auf **www.hansebooks.com**

BEITRÄGE

ZUR

GESCHICHTE DER CHEMIE.

VON

HERMANN KOPP.

MIT EINER TAFEL.

BRAUNSCHWEIG,

DRUCK UND VERLAG VON FRIEDRICH VIEWEG UND SOHN.

1869.

VORREDE.

Für die Geschichte der Chemie, welche ich 1843 — 1847 veröffentlicht habe, hatte ich benutzt, was mir damals an Quellen zugänglich und von historischen Berichten Anderer bekannt war. Die seitdem verflossenen Jahre haben mir für Vieles bessere oder vervollständigte Einsicht gebracht. Auch für die dunkelste Partie der Geschichte der Chemie: die früheste Zeit, in welcher die letztere in der Richtung als Alchemie betrieben wurde, suchte ich eine solche zu erlangen. Die Notizen, welche sich mir hierüber ansammelten und zu Erörterungen einzelner Gegenstände gruppirten, vervollständigten sich mehr und mehr, und es scheint mir nicht unnütz, sie in einigen Zusammenhang gebracht als Beiträge zur Geschichte der Chemie zu veröffentlichen.

Die Ausarbeitung dieser Beiträge erstreckte sich über längere Zeit, und sie war öfters unterbrochen. Der Massstab, nach welchem ich in den verschiedenen Zeiten die Bearbeitung versuchte, war ein ungleicher. Die einzelnen Aufsätze, welche ich mittheile, wurden keineswegs in der Ordnung ausgearbeitet, in welcher ich sie schliesslich für die Veröffentlichung zusammengestellt habe. Mehrere Aufsätze sind später noch hinzugekommen, deren Ausarbeitung

früher nicht beabsichtigt oder mir sehr ungewiss war. Das
Ganze zuletzt noch einmal umzuformen, war mir nicht' möglich. Früher geschriebene Aufsätze musste ich in der An-
lage so fortbestehen lassen, wie ich sie gearbeitet hatte, als
ich noch nicht wusste, ob oder dass ich andere mit ihnen
in Zusammenhang stehende Gegenstände auch noch bearbei-
ten würde; sie erfuhren später Abänderungen und namentlich Zusätze, durch welche sie manchmal etwas ungefüg
geworden sind. Es war auch nicht zu vermeiden, dass ich
mehrmals in einem Aufsatz auf Etwas in einem anderen
bereits Besprochenes noch einmal zurückkommen musste.
Diese Nachtheile, welche aus der Art der Entstehung dieser
Beiträge hervorgegangen sind, verkenne ich nicht; sie werden
nicht aufgewogen dadurch, dass andererseits jetzt jeder Abschnitt eher Etwas für sich Geschlossenes ist, als wenn ich
in Einem Zuge der Darstellung einmal Gesagtes für Alles
Folgende als bekannt vorausgesetzt hätte.

Die Beiträge zur Geschichte der Chemie, welche ich
hier mittheile, sollen die Ansichten kennen lehren, welche
man über die früheste Betreibung der Chemie in der Richtung als Alchemie zu verschiedenen Zeiten gehabt hat, und
die ältesten Schriftsteller und Schriftstücke, welche uns bekannt geworden und erhalten sind. Die Ansichten über den
Ursprung der Alchemie und frühe Beschäftigung mit derselben sind sehr wechselnde gewesen, und manche in neuerer Zeit noch festgehaltene oder ausgesprochene Ansicht
scheint mir nicht die richtige zu sein. Vieles hierauf Bezügliche bleibt, so weit ich urtheilen kann, jetzt noch unentschieden; ungleich öfter habe ich Zweifel an Behauptungen, die mit grosser Bestimmtheit ausgesprochen vorlie-

gen und Glauben finden, darzulegen, als dass ich an der Stelle der mir unrichtig erscheinenden Behauptungen andere mit gleicher Bestimmtheit aufstellen könnte.

Uebrigens bleibt nicht etwa nur für die Zeit, deren Besprechung die hier gebotenen Beiträge zunächst gewidmet sind, auf dem Gebiete der Geschichte der Chemie Vieles unsicher und manche jetzt noch wiederholte Behauptung zu berichtigen oder anzuzweifeln, sondern auch für spätere Jahrhunderte ist die Darstellung, wie diese Wissenschaft sich entwickelte, in ähnlicher Weise erschwert. Welches Dunkel schwebt noch über dem Verfasser der unter Ge- ber's Namen uns überlieferten Schriften, und wie Vieles bleibt da noch in den immer wiederholten Angaben zu berichtigen, auch nach dem, was in neuerer Zeit (The La- boratory, No. 5, p. 71; London 1867) über diesen Gegen- stand bemerkt worden ist. Wie irrig erscheint die bis in die neuere Zeit festgehaltene, auch von mir früher getheilt gewesene Ansicht, dass den im 13ten Jahrhundert mit Che- mie und Alchemie practisch Beschäftigten auch Albertus Magnus zuzuzählen sei, wenn längere Beschäftigung mit den unzweifelhaft echten Schriften dieses Gelehrten die unter seinem Namen in Umlauf gekommenen alchemistischen Trac- tate mit Bestimmtheit als untergeschoben anerkennen lässt; seine chemischen und alchemistischen Kenntnisse sind ent- schieden mehr die eines Vielbelesenen als die eines Labo- ranten. Welche Zweifel daran, ob die dem Raymundus Lullus zugeschriebenen alchemistischen Werke wirklich von ihm herrühren, sind in neuester Zeit wieder geltend gemacht worden (Raimundo Lulio, juzgado por si mismo — —, por D. F. Weyler y Laviña; Palma 1866). Wie ungewiss

ist noch, was den Ursprung und die Zusammengehörigkeit
der unter Basilius Valentinus' Namen uns zugekommenen chemischen Schriften betrifft, und so Vieles Andere
aus der Geschichte der Chemie bis zu der Zeit des Para-
celsus.

Dass ich für die Zeit, in welcher bei den Arabern und
dann bei den Abendländern die Chemie nur in der Richtung als Alchemie betrieben wurde, zu einer zusammen-
hängenderen Darlegung dessen kommen werde, was ich
jetzt als sicherer nachweisbar und was als zweifelhaft betrachte, ist mir kaum wahrscheinlich. Möge der vorliegende
Versuch, zur historischen Kenntniss der Alchemie in noch
früherer Zeit Etwas beizutragen, nachsichtige Aufnahme,
und in ihm enthaltenes Unrichtiges und Unsicheres Be-
richtigung und Entscheidung finden.

Heidelberg, im October 1868.

Ueber ältere alchemistische Schriftsteller im Allgemeinen.

Das in dem Vorhergehenden besprochene Schriftstück, für welches wir die Zeit der Abfassung wenigstens ungefähr mit einiger Wahrscheinlichkeit kennen, ist eine Zusammenstellung chemischer Vorschriften, jedoch ohne ausdrückliche Beziehungen zur Alchemie. Eine grosse Zahl von Aufsätzen, welche Alchemie — die künstliche Anfertigung edler Metalle und namentlich des Goldes aus Substanzen, die Nichts davon enthalten — zum eigentlichen Gegenstande haben, ist noch vorhanden, von welchen vielfach vermuthet worden ist, dass auch sie älteres ägyptisches Wissen bewahren[1]); aber sie sind uns nur in viel späteren Handschriften zugekommen, und bezüglich der Zeit, wann sie abgefasst wurden, finden wir sehr widersprechende Ansichten geäussert und wissen wir Nichts Sicheres[2]). Wahrscheinlich ist es mir, — die

---

[1]) So z. B. ist bei Zosimos, in einer uns im Commentar des Olympiodoros erhaltenen Stelle (Fabricii Bibliotheca graeca, Vol. XII [Hamburgi 1724], p. 765), davon die Rede, was ἐκ τῶν παλαιῶν ἢ ἀπὸ προγόνων bekannt gewesen sei und wie man τοῖς ἀρχαίοις bezüglich ihrer Art zu schreiben beurtheilt habe; und es wird auch sonst noch ἐκ τῆς μεγάλης τέχνης τῶν παλαιῶν Einiges mitgetheilt (vgl. daselbst p. 762, Nr. 11). So nimmt Olympiodoros selbst (Höfer's Histoire de la chimie, 2. éd., T. I [Paris 1866], p. 526 s.; vgl. auch daselbst p. 274) darauf Bezug, wie οἱ ἀρχαῖοι dunkel geschrieben und was sie bezüglich der Färbungen gewisser Substanzen gethan oder angenommen haben.

[2]) Ein höheres Alter bestritt Reinesius diesen Schriften in seinem 1634 abgegebenen litterarhistorischen Gutachten über die in der Altenburger o. Gothaer Handschrift enthaltene Sammlung derselben, wo er (Fabricii Bibliotheca graeca, Vol. XII [Hamburgi 1724], p. 750) sich (in Einzelnem nicht ganz consequent) dahin aussprach: im Allgemeinen seien diese Schriften durch et-

Gründe dafür habe ich theilweise schon S. 83 ff. angegeben und vervollständige ich bei der Besprechung der Einzelnen, deren Namen als die der Verfasser diese Aufsätze haben — dass sie allerdings

---

liche Mönche und andere Gelehrte, erst zu Alexandria und dann zu Constantinopel geschrieben; was die einzelnen Schriftsteller betreffe, so seien dieselben theils Heiden, theils Christen zu Athen, um das Jahr 400, und dann zu Alexandria gewesen. H. Conring (De Hermetica Aegyptiorum vetere et Paracelsicorum nova medicina [Helmestadii 1648], p. 22; De Hermetica medicina [Helmestadii 1669], p. 24 sq., 438) war der Ansicht, unter den auf uns gekommenen griechischen alchemistischen Schriften sei keine aus älterer Zeit, als aus der Constantin's des Grossen (also etwa dem Anfang des 4ten Jahrhunderts); ältere möge es wohl gegeben haben, aber von diesen sei uns keine erhalten. Für ein höheres Alter wenigstens einzelner der in den Sammlungen griechischer alchemistischer Aufsätze enthaltenen Schriften — oder doch der Grundlage, von welcher aus sie durch Aenderung in den Zustand gekommen seien, in welchem sie uns vorliegen — sprachen sich im 17ten Jahrhundert namentlich Borrichius (De ortu et progressu chemiae [Hafniae 1668], p. 86; Hermetis, Aegyptiorum et chemicorum sapientia — — — [Hafniae 1674], p. 72, 76, 78) und Morhof (Polyhistor literarius [Lubecae 1695], p. 105 sq.) aus. Fabricius (Bibliotheca graeca, Vol. XII, p. 751 in der Anmerkung) war der Ansicht, die, wenn auch unter viel älteren Namen in jenen Sammlungen vorkommenden Schriften seien mindestens jünger als aus den Zeiten des Diocletian oder der den Namen Theodosios führenden Kaiser (also jünger, als aus den letzten Decennien des 3ten bis den ersten Decennien des 5ten Jahrhunderts, was ziemlich unbestimmt ist). Noch Höfer (Histoire de la chimie, 2. éd., T. I [Paris 1866], p. 261) scheint das Alter keiner dieser Schriften vor das Ende des 3ten oder den Anfang des 4ten Jahrhunderts setzen zu wollen. Darüber, was für ein etwas höheres Alter wenigstens einer dieser Schriften sprechen kann, vgl. den Abschnitt über Democrit; auf das muthmassliche Alter Einzelner unter den Verfassern dieser Schriften komme ich überhaupt in den sie betreffenden Abschnitten zurück. Ameilhon's Ansicht über die Reproduction älterer alchemistischer Vorstellungen und Vorschriften in den wahrscheinlich frühesten der uns erhaltenen griechischen alchemistischen Schriften vgl. im Abschnitt über Democrit, Anmerk. 50; Maury's Ansicht über die Beziehungen, in welchen die uns erhaltenen derartigen Schriften zu älteren stehen, vgl. S. 86, Anmerk. 9. Wenn, wie diese Schriften selbst es angeben, ihr Inhalt zu dem Geheimwissen der ägyptischen Priester gehörte, so ist eine grössere Verbreitung der früheren unter ihnen und das Hinzukommen neuer für die Zeit wahrscheinlich, wo in Aegypten die alte Religion dem Christenthum vollends unterlegen war; viele der uns erhaltenen griechischen alchemistischen Schriften sind in der That unzweifelhaft von Christen verfasst. Dass diese Schriften in das Abendland in dem 15ten Jahrhundert durch byzantinische Flüchtlinge gebracht worden seien, ist oft ausgesprochen worden und wahrscheinlich; ich komme auch hierauf wohl in einem der späteren Abschnitte zurück.

theilweise schon den ersten Jahrhunderten unserer Zeitrechnung ihre Entstehung verdanken. Als die ältesten schriftlichen Denkmäler einer Richtung, die über ein Jahrtausend die Chemie beherrschte und in welcher befangen unsere Wissenschaft zuerst einen gewissen Grad von Ausbildung gewann, verdienen diese Aufsätze unsere Beachtung; sie sind für die Geschichte der Chemie unzweifelhaft wichtig. Was den uns zugekommenen Aufsätzen aus so früher Zeit Wichtigkeit giebt, das ist der in ihnen uns aufbewahrte Nachweis, *mit was* man sich damals bereits beschäftigte, und nicht die etwa in ihnen liegende Belehrung, *wie* man sich damit beschäftigte. Denn wie bestimmt auch chemische Manipulationen und Geräthschaften (Destillationsapparate, Oefen z. B.) in einzelnen dieser Schriften besprochen werden und wie sicher es auch sein mag, dass diese Schriften im Allgemeinen die Fragen behandeln, wie gewisse chemische oder vielmehr alchemistische Umwandlungen zu bewirken seien: ein Verständniss derselben gerade in letzterer Beziehung, in der Hauptsache, ist uns in den meisten Fällen abgeschnitten durch die räthselhafte und vollkommen dunkele Nomenclatur, welche sich da gebraucht findet; ganz abgesehen davon, dass die als zur Lösung der gestellten Aufgaben führend mitgetheilten Vorschriften und viele damit in Zusammenhang stehende Angaben unmöglich empirisch richtig, auf Erfahrung wirklich beruhend sein können, ist anders unser jetziges Wissen in Betreff der Frage ein zuverlässiges, ob ein Metall in ein anderes umwandelbar sei oder ein Metall aus Substanzen dargestellt werden könne, welche Nichts davon enthalten. Bei so langer Beschäftigung mit diesen Aufsätzen, wie sie mir zu Theil geworden, habe ich mir natürlich auch alle Mühe gegeben, ein Verständniss dessen zu gewinnen, was von dem Inhalte derselben zu meiner Kenntniss gekommen ist, eine Vorstellung darüber: nicht etwa wie man damals Gold gemacht habe, sondern wie man glaubte Gold machen zu können; etwa so, wie man aus dem Studium der astrologischen Schriften zwar nicht lernt, welchen Einfluss die Stellung der Gestirne auf das Schicksal eines Menschen ausübt, aber doch in einigermassen befriedigender Weise, welche Ansichten über einen derartigen Einfluss man früher hatte. Aber so oft und so lange ich mir auch Mühe gegeben habe, den Ideengang der älteren alchemistischen Schriftsteller und die Gedanken, welche ihren Vorschriften und Angaben zu Grunde liegen mochten, zu begreifen, so hat sich doch meine Fähigkeit dafür als durchaus unzureichend erwiesen. Und ich gestehe, dass ich selbst wiederholt und ernstlich die manchmal mir gekommene Vermuthung geprüft habe: ob nicht diese Schriften, oder doch die ältesten derselben, nur scheinbar alchemistische seien, in Wirklichkeit aber Allegorien für Anderes, als Alchemie, enthalten. Aber ich habe diese Vermuthung nicht als begründet befunden, so fern ich keine Deutung des Inhaltes dieser Schriften ausdenken kann, die irgend wahrscheinlicher, oder auch nur entfernt eben so wahrscheinlich wäre, als die, dass sie wirklich Alchemie behandeln. Den darin ausgesprochenen Ansichten darüber, wie die Alchemie auszuführen sei, muss irgend eine Idee zu Grunde gelegen haben, welche mir unerkannt geblieben ist[3]). Diese Idee kann schon vor der Zeit, wo die uns jetzt beschäftigenden Schriften geschrieben wurden, erfasst worden und zu einer gewissen Geltung gekommen sein, und diese Schriften können dann unter dem Einfluss einer älteren, von ihren Verfassern selbst dem Grundgedanken nach vielleicht nicht mehr deutlich verstandenen Lehre geschrieben und nur Reproductionen unter willkürlicher Weiterbildung derselben sein. Für die älteren dieser Schriften zu entscheiden, ob dem so sei, dürfte jetzt schwer sein; in ihnen selbst wird dem darin zu Lehrenden ein höheres Alter zugeschrieben. Aber für die relativ neueren unter diesen Schriften kann man vielfach sagen, dass in ihnen Wiederholungen und Paraphrasen der in den älteren enthaltenen Lehren sich finden, wie dies der Fall hätte sein können, wenn des Grundgedankens einer Lehre Unkundige der Veranlassung oder dem Drange, über diese Lehre auch zu

---

[3]) Ich bin noch der Ansicht, zu welcher ich mich früher (Geschichte der Chemie, II. Theil [Braunschweig 1844], S. 154 f.) bekannt habe: dass die Erkenntniss der Möglichkeit, die Farbe gewisser Metalle und namentlich des Kupfers abzuändern, die Grundlage des Glaubens an die Möglichkeit der Metallverwandlung überhaupt gewesen sein möge. Aber oben handelt es sich darum, welche Idee den positiven Vorschriften zur Ausführung vollständiger Metallverwandlung und namentlich zur künstlichen Erzeugung von Gold zu Grunde lag.

schreiben, Folge gegeben hätten. Ganz Aehnliches finden wir wieder bei den Alchemisten des Mittelalters, welche Geber's Lehren reproducirten und weitergehende Behauptungen hinzufügten; und dann wieder, diesen Alchemisten gegenüber, bei den noch später schreibenden. Aehnliches finden wir sonst auch wieder, z. B. in den astrologischen Schriften, deren jüngere in der Hauptsache nur Reproductionen und Erweiterungen der positiven Lehren der älteren sind, ohne dass sich der Grundgedanken der Beziehungen des Mikrokosmos zum Makrokosmos erhalten hätte, auf welchem die Aufstellung dieser Lehren wohl wesentlich beruht hatte. Aehnliches finden wir sonst noch in der Geschichte von Irrlehren und müssen es gerade für diese finden, welche gesunder Weiterentwicklung unfähig immer wieder auf ältere Autoritäten sich stützen und diese benutzen müssen.

Die Deutung der älteren alchemistischen Schriften ist uns jetzt unmöglich. Sie ist es hoffentlich nicht für immer. Aber die Bearbeitung jener Schriften bis zu diesem Schlussresultate ist nicht die Sache eines Einzelnen; diese Bearbeitung hat von Grund aus zu beginnen. Zu der Legung des Fundamentes für diese Arbeit, namentlich in litterarhistorischer und bibliographischer Beziehung, versuche ich hier Einiges beizutragen, zunächst durch Mittheilung dessen, was sich mir über drei Schriftsteller angesammelt und ergeben hat, welche durch wahrscheinlich relativ höheres Alter, zum Theil auch durch die grosse Autorität, die ihnen beigelegt wurde, und bei Einem durch die beträchtliche Zahl der unter seinem Namen uns erhaltenen Schriften ausgezeichnet sind: über Demokritos, Synesios und Zosimos.

Demokritos.

Zu den ältesten Denkmälern der alchemistischen Litteratur, welche unter dem Einflusse ägyptischer Richtung verfasst und uns erhalten sind, gehört wohl, was ein als Democrit[1]) Benannter geschrieben und unter Mehreren zuerst ein als Synesios Benannter commentirt hat. Unkenntniss der Zeit der Abfassung und der Persönlichkeit der Schriftsteller, Unverständlichkeit dessen was sie geschrieben, erschwert eine Würdigung dieser Schriften in erheblichster Weise; und die Unsicherheit, welche bei der Beschäftigung mit ihnen bleibt, erstreckt sich selbst theilweise bis in die neuere Zeit und bezüglich solcher rein äusserlicher Umstände, wie man sie als streitige nach dem jetzigen Standpunkt der Bibliographie kaum erwarten sollte.

Der Democrit, welcher Alchemistisches geschrieben, wurde früher als der bekannte Philosoph Democrit von Abdera in Thracien angesprochen, welcher von 460 bis 361 v. Chr. lebte[2]). Dass Dieser sich in Aegypten, in Chaldaea und in Persien mit den in diesen Ländern betriebenen Wissenschaften bekannt gemacht habe, ist nicht zu bezweifeln. Aber bei Schriftstellern des Alter-

---

[1]) In Labbé's Nova bibliotheca manuscriptorum librorum [Parisiis 1653], p. 129 wurden irrthümlich als in Pariser Handschriften enthalten *Demetrii* Physica et mystica cum Synesii scholiis angegeben, aber der Irrthum ist in demselben Werke später (p. 383) berichtigt.

[2]) Sein Leben und seine Schriften hat in neuerer Zeit ausführlich behandelt Mullach: Democriti Abderitae operum fragmenta ed. F. G. A. Mullachius [Berolini 1843].

thums, welche einige Jahrhunderte später lebten, finden wir ihm
auch Kenntniss der Magie und mancherlei geheimer Künste zugeschrieben und nachgerühmt, dass er sich viel mit Versuchen
beschäftigt habe; so z. B. kurz vor dem Anfang und im ersten
Jahrhundert unserer Zeitrechnung bei Vitruvius[3]), bei L. A.
Seneca[4]), bei Petronius Arbiter[5]), und bei Plinius[6]).
Nichts aber deutet bei diesen Schriftstellern darauf hin, dass Democrit solchen Bestrebungen zugethan gewesen sei, welche als
alchemistische zu bezeichnen wären; und ebenso wenig findet sich
ein Anhaltspunkt für eine solche Vermuthung in dem, was uns von
Democrit's Schriften erhalten oder über sie bekannt ist: wie sie
Thrasyllos (um den Anfang unserer Zeitrechnung) geordnet und
Diogenes Laertios (im Anfang des 3. Jahrhunderts) uns genannt
hat[7]). — Aber in der nun folgenden Zeit wird Democrit mit
Bestimmtheit als ein Schriftsteller über alchemistische Gegenstände
genannt. Vielleicht am Frühesten bei dem, seiner Zeit nach nicht
genau bestimmten aber wohl etwa dem 4ten Jahrhundert angehö-
rigen Synesios, welcher eine dem Democrit zugeschriebene alchemistische Schrift commentirte und im folgenden Abschnitt eingehender zu besprechen ist; dieser Synesios sagt[8]), dass der
Democrit, welcher Verfasser dieser Schrift gewesen, aus Abdera
in Thracien gebürtig, von Ostanes im Tempel zu Memphis in das

---

[3]) Vitruvii de architectura libri X; L. IX, praefatio, in der Ausgabe von
J. G. Schneider [Leipzig 1807] T. I, p. 239; vgl. auch Mullach a. a. O.,
p. 126.

[4]) Im 90. Briefe. L. Annaei Senecae opera omnia quae supersunt ed.
F. E. Ruhkopf, Vol. III (Lipsiae 1805), p. 155.

[5]) Petronii Arbitri Satyricon ed. J. P. Lotichius [Francofurti ad Moenum
1629], p. 22.

[6]) Historia naturalis L. XXIV, cap. 102 und L. XXX, cap. 2 (nach der
Franz'schen Ausgabe [Leipzig 1776—1791] Vol. VII, p. 611 u. Vol. VIII,
p. 461 sqq.). Vgl. Mullach a. a. O., p. 16, 72 sq., 126.

[7]) Diogenis Laertii de clarorum philosophorum vitis, dogmatibus et
apophtegmatibus libri X; recens. C. G. Gobet, ed. A. Westermann et J. F. Bois-
sonade [Parisiis 1850], p. 238. Vgl. Mullach a. a. O., p. 100 sqq.

[8]) Synesii Philosophi ad Dioscorum, in librum Democriti, scholia; in
J. A. Fabricii Bibliotheca graeca, Vol. VIII [Hamburgi 1717], p. 233. Die
betreffende Stelle auch, nach Fabricii Bibl. gr. Vol. I (Hamburgi 1708), p. 809
und Fabric. Bibl. gr. ed. Harles Vol. II [Hamburgi 1791], p. 611, bei Mullach a. a. O., p. 158.

Geheimwissen der Aegypter eingeweiht worden sei, und darauf
hin vier „das Färben betreffende" Bücher geschrieben habe: über
das Gold und das Silber und die Steine und den Purpur[9]). Eine
ganz ähnliche Angabe hat Georgios Synkellos im 9ten Jahrhundert in seiner Chronographie[10]): dass Democrit aus Abdera
im Tempel zu Memphis eingeweiht worden sei; über seine Beziehungen zum Ostanes; dass er über Gold und Silber und Steine
und Purpur dunkel geschrieben habe. Suidas[11]), etwa am Ende
des 10ten Jahrhunderts, erwähnt bei der Besprechung des Democrit, dass er nach Einigen von den Magiern, Chaldäern und Persern unterrichtet gewesen sein solle, dass er bei den Persern und
Indern und Aegyptern gewesen sei und ihre Weisheit gelernt
habe, aber Nichts von alchemistischer oder dahin zielender Beschäftigung und Schriftstellerei.

Was dem Democrit von alchemistischer Schriftstellerei, als
aus dem Alterthume gerettet, zugeschrieben wurde, findet sich in
vielen Handschriften., Gedruckt ist in griechischer Sprache Nichts.
Wohl aber wurde eine lateinische Uebersetzung einer dem Democrit beigelegten alchemistischen Schrift 1573 durch Domenico
Pizimenti veröffentlicht, welcher angiebt, dass er die griechische
Handschrift von einem aus Corfu gebürtigen Griechen erstanden
habe. Pizimenti gab die Uebersetzung als die eines Werkes des
Democrit von Abdera, zusammen mit der mehrerer Commentare
über dasselbe, heraus, unter dem Titel: Democritus Abderita de
arte magna sive de rebus naturalibus; nec non Synesii et Pelagii,
et Stephani Alexandrini et Mich. Pselli in eundem commentaria.

---

[9]) Ἐκ τούτου λαβὼν ἀφορμὰς συνεγράψατο βίβλους τέσσαρας βαφικάς, περὶ
χρυσοῦ καὶ ἀργύρου καὶ λίθων καὶ πορφύρας. Nicht ganz treu ist die Uebersetzung, wie sie sich in Fabricii Biblioth. gr. Vol. VIII, p. 233 findet: Hinc
sumta occasione conscripsit libellos quatuor de tinctura solis, et lunae, deque
lapidibus, et purpura. Das Metallfärben ist aber gewiss im alchemistischen
Sinne zu nehmen.

[10]) P. 198 der Venetianer Ausgabe von 1729. Die betreffende Stelle auch
in Fabricii Bibl. gr. Vol. I, p. 809 und Vol. XII, p. 757, Fabric. Bibl. gr. ed.
Harles Vol. II, p. 641 und bei Mullach a. a. O., p. 158.

[11]) Suidae Lexicon ed. Bernhardy [Halis et Brunsvigae 1853], Vol. I,
Pars 1, p. 1254.

Dom. Pizimentio Vibonensi interprete. Patavii 1573 [12]). Abgedruckt wurde diese Uebersetzung nachher auch in einer Kölner Ausgabe einer Schrift von M i z a u l d über wunderbare oder merkwürdige Dinge [13]). Noch einmal abgedruckt wurde diese Uebersetzung,

[12]) Diesen Titel der Pizimenti'schen Ausgabe gaben richtig, oder im Wesentlichen richtig, Fabricius Bibl. gr., Vol. VIII [Hamburgi 1717], p. 232; Beckmann Geschichte der Erfindungen, Bd. III [Leipzig 1790], S. 376; S. F. G. Hoffmann Lexicon bibliographicum — — — scriptorum graecorum, T. II [Lipsiae 1833], p. 9; Brunet Manuel du libraire et de l'amateur de livres, T. II [Paris 1861], p. 584; Grässe Trésor de livres rares et précieux; T. II [Dresde 1861], p. 356. Ich bemerke dies wegen der unten zu besprechenden mannichfaltigen unrichtigen Angaben des Titels und der daran geknüpften Schlussfolgerungen.

[13]) Was Titel und Jahreszahl dieses Buches, so weit es für die Bekanntschaft mit dem Democrit in Betracht kommt, betrifft, herrscht grosse Confusion. Dass es eine lateinische Uebersetzung der Physica et mystica des Democrit und mehrerer Commentare zu denselben enthalte, ist oft, aber gewiss selten auf eigener Einsicht beruhend angegeben worden. Nach einzelnen Angaben könnte man zweifeln, ob es wirklich die Pizimenti'sche Uebersetzung gebracht habe, was wiederum nach anderen gewiss der Fall ist. Es spart vielleicht Einem, der später einmal diesem Gegenstande nachgeht, einige Mühe, wenn ich folgende Notizen hier zusammenstelle. Reinesius gab in seinem (1634 abgefassten) Judicium de chemicorum graec. codice Gothano (in Fabricii Bibl. gr., Vol. XII [Hamburgi 1724], p. 749) an: Eadem (Physica Democriti cum scholiis Synesii, Pelagii et Stephani) a Dominico Pizimentio versa Latine 1574 Coloniae cum Mizaldi memorabilibus praelo data sunt. Fabricius in Bibl. gr., Vol. XII, p. 709 sagte: Prodiit (die Schrift des Democrit oder die Uebersetzung des Pizimenti?) etiam cum A. Mizaldi memorabilium centuriis Colon. 1572; ebenso wie Lambeck (vgl. a. Anmerk. 28 a. O., p. 383) gesagt hatte, die Pizimenti'sche Uebersetzung stehe auch in appendice memorabilium A. Mizaldi, editorum Coloniae Agr. apud Joannem Birkmannum 1572. Lenglet du Fresnoy giebt aber in seiner Histoire de la philosophie hermétique, T. III [à la Haye, 1742], p. 147 mit Bestimmtheit an: Democriti Abderitae de arte sacra sive de rebus naturalibus et mysticis libellus — — —, nec non Synesii et Pelagii — — — in eundem commentaria, interprete D. Pizimentio; Coloniae Janus Birkmannus, 1574; cet ouvrage est joint ici au traité d'Antoine Mizaldus, Memorabilium sive arcanorum omnis generis centuriae novem. Und dann noch neue Auflagen: Francofurti 1592, 1613 u. 1673 und eine deutsche Uebersetzung Nürnberg 1717. Hoffmann a. a. O. giebt nach der Anführung der Pizimenti'schen Uebersetzung weiter an: 1574: In Antonii Mizaldi Mirabilibus. (Cl. Birkmann). Ebenso oder ähnlich andere neuere Bibliographen. In den Frankfurter Ausgaben der Memorabilium Mizaldi von 1592, 1599 und 1613 (am Ende derselben steht: Mirabilium A. Mizaldi finis) und den da beigedruckten Schriften habe ich indessen von der Pizimenti'schen Uebersetzung Nichts finden können,

vermehrt durch eine andere alchemistische Schrift, zu Nürnberg
1717 [14]). Lenglet du Fresnoy [15]) und nach ihm Schmieder [16])
geben zwar so viele Ausgaben von der Pizimenti'schen Uebersetzung an, dass man sie für eins der leichter zu habenden Bücher
halten möchte; aber dem ist nicht so, und das erkennen auch Andere, namentlich was die Ausgabe von 1573 betrifft, an. Höfer [17]) nennt sie devenue assez rare, aber man kann bezweifeln,
ob er sie selbst eingesehen habe [18]); Brunet [19]) nennt sie rare;

---

ebenso wenig wie die von J. F. Gmelin in seiner Geschichte der Chemie,
Bd. I [Göttingen 1797], S. 314 mit Verweisung auf Mizaldi Centur. IX memorabilium, Colon. 1574 citirte Pelagii Graeci in Democritum Abderitam de arte
sacra sive de rebus mysticis et naturalibus commentatio sich hier findet.
Beckmann bemerkt a. a. O.: „Conring sagt in Hermetica medicina p. 29,
das Buch" (des Pizimenti) „sei vier Jahre hernach zu Cöln mit Mizaldi
mirabilibus nachgedruckt worden"; Conring sagt dies (De Hermetica medicina p. 26 der Ausgabe von 1648, p. 29 der Ausgabe von 1669) allerdings,
aber nachdem er vorher als Veröffentlichungsjahr der Pizimenti'schen
Uebersetzung irrig 1570 angegeben. — Eine Kölner Ausgabe des Mizauld-
schen Buches von 1572 oder 1574 konnte ich nicht auftreiben. Wäre in
einer solchen von 1572 schon eine Uebersetzung der dem Democrit beigelegten Schrift enthalten, so würde diese wohl eine von der des Pizimenti
unabhängige sein. Ich habe Eine noch ältere Ausgabe jenes Buches einsehen können (Memorabilium — — — centuriae IX, autore A. Mizaldo, Lutetiae 1566; sie hat die Bezeichnung Mirabilium u. s. w. am Schlusse nicht);
sie enthält Nichts hier in Betracht Kommendes.

    [14]) Der Titel dieser Ausgabe ist nach Hoffmann (a. a. O.): Democritus
Abderyta graecus de rebus sacris naturalibus et mysticis. Cum Notis Synesii
et Pelagii. — Tumba Semiramidis Hermeticae sigillatae, quam si sapiens
aperuerit, Non Cyrus, Ambitiosus; avarus, Regum ille thesauros, divitiarum
inexhaustos, quod sufficiat inveniet H. V. D. Norimbergae 1717. — Nach
Lenglet du Fresnoy a. a. O. wäre diese durch die Tumba Semiramidis her-
metice sigillata vermehrte Nürnberger Ausgabe von 1717 eine deutsche Uebersetzung.

    [15]) Vgl. Anmerk. 13.

    [16]) Geschichte der Alchemie [Halle 1832], S. 64 f. „Derselbe Text" (die
Uebersetzung des Pizimenti) „wurde in den neueren Ausgaben abgedruckt:
Coloniae 1574; Francofurti 1592, 1613, 1673. Eine deutsche Uebersetzung
erschien zu Nürnberg 1717". Ich vermuthe, dass einfach die verschiedenen
Ausgaben von Mizaldi memorabilibus oder mirabilibus aufgeführt worden
sind; vgl. Anmerk. 13.

    [17]) Histoire de la chimie, 2. él., T. I [Paris 1863], p. 277.

    [18]) Er giebt den Titel unrichtig an: Democriti physica et magica, edita
latine a Dominico Pizimento, etc. Patav. 1573.

    [19]) A. Anmerk. 12 a. O.

nach Hoffmann[20]) kommt sie rarissime vor; Reuvens[21]) sagt,
sie sei presque introuvable geworden, und mit dem letzteren Ausspruch stimmt meine eigene Erfahrung überein[22]). Wie Wenige
unter denen, welche diese Uebersetzung citiren, sie selbst gesehen
haben, geht zur Genüge schon aus der grossen Mannichfaltigkeit
der Titel hervor, welche derselben beigelegt werden[23]). Aber

---

[20]) A. Anmerk. 12 a. O.

[21]) Troisième lettre à M. Letronne sur les papyrus bilingues et grecs du
musée d'antiquités de l'université de Leide (Leide 1850), p. 71.

[22]) Ich habe diese Ausgabe der Pizimenti'schen Uebersetzung von 1573
nach vielen vergeblichen anderweitigen Anfragen von der Universitäts-Biblio-
thek zu Göttingen erhalten. Sie scheint von Anfang an wenig verbreitet gewesen zu sein; Salmasius, als er 1622 seine Anmerkungen zum Tertullian
de pallio herausgab, scheint sie nicht gekannt zu haben (vgl. Anmerk. 47),
und ebenso wenig Reinesius 1634 (vgl. Anmerk. 13). Auch Du Cange
kannte jene Ausgabe nicht aus eigner Anschauung; unsicher und bezüglich
der Jahreszahl unrichtig äussert er sich in demjenigen Anhang zu seinem
Glossarium ad scriptores mediae et infimae graecitatis [Lugduni 1688], in
welchem die von ihm benützten Schriftsteller aufgezählt werden: Democriti chymici γυσιχά χαὶ μυστιχά — — — Editus dicitur Patavii anno 1572,
nescio an graece. — Ich gebe weiter unten des Pizimenti Uebersetzung nach
jener Ausgabe.

[23]) Die erste Ausgabe der Pizimenti'schen Uebersetzung von 1573 ist
wesentlich anders (de arte magna sive de rebus naturalibus) betitelt, als die
von 1717 (de rebus sacris naturalibus et mysticis). Die erstere citirte Fabricius (Bibl. gr. Vol. I [Hamburgi 1708], p. 809: Φυσιχά χαὶ Μυστιχά de arte
sacra, sive chemica, quae cum Synesii ac Pelagii commentariis latine edita
sunt Patavii 1572, wozu Beckmann a. a. O. bemerkt, dass Fabricius das
Buch wohl nicht selbst gesehen habe, da er weder Titel noch Jahreszahl
richtig angebe. Aber später (vgl. Anm. 12) hat Fabricius beides richtig gegeben. Mit seiner ersten Citation hat Aehnlichkeit die von K. Sprengel,
welcher in seiner Geschichte der Arzneykunde, in der ersten Auflage, Bd. II
[Halle 1793], S. 156 wie in der dritten Auflage, Bd. II [Halle 1823], S. 220,
den Titel angiebt: Democriti γυσιχά χαὶ μυστιχά, cum Synesii, Pelagii, Stephani notis, ed. Pizimentii, Patav. 1573; aus neuerer Zeit noch die von Höfer (vgl. Anm. 18). J. F. Gmelin giebt in seiner Geschichte der Chemie,
Bd. I [Göttingen 1797], S. 314 den Titel: Democritus Abderita de arte magna
sive de rebus naturalibus et mysticis; Patav. 1573; aber der Titel: [Michaë-
lis Pselli Tractatus] De auri conficiendi ratione ad Michaëlem Cerularium,
Patriarcham Constantinopolitanum, Dominico Pizimentio Vibonensi interprete,
una cum Democrito Abderita, Synesio, Pelagio et Stephano Alexandrino de
magna et sacra arte editus est [sic], Patav. 1572, welchen Gmelin a. e. a. O.,
S. 21 gab, gehört keinem wirklich existirenden Buche an, sondern beruht auf
dem Missverständniss einer Angabe in des Leo Allatius De Psellis et eorum
scriptis diatriba (im Anhange zu Fabricii Bibliothecae graecae Vol. V., wo

auch die später als 1573 gedruckten Ausgaben kommen selten
vor. Namentlich die Verschiedenheit der Titel hat selbst zu der
Ungewissheit Veranlassung gegeben, ob Eine oder ob mehrere alchemistische Schriften als von einem Democrit herrührend uns
erhalten seien; wovon weiter unten.

Auch der Inhalt der Handschriften, welche uns alchemistische
Erörterungen eines Democrit erhalten haben, ist nicht durchweg
derselbe. Vier Handschriften, die in Paris, und zwei wie es scheint
übereinstimmende, die in Wien aufbewahrt werden, sind es, welche
uns namentlich in Betracht kommen[24]); sie sind alle nicht alt.
Von den Pariser Handschriften ist die älteste im 13. Jahrhundert
auf Seidenpapier geschrieben, die neueren, auf Papier geschriebenen sind von 1467, 1486 und 1560[25]); die Wiener Handschriften
sind beide 1564 zu Venedig auf Papier abgeschrieben[26]). Ueber den

---

diese Schrift abgedruckt ist, p. 25). Schmieder gab in seiner Geschichte
der Alchemie [Halle 1832], S. 64 den Titel: Democriti Abderitae de arte
magna, sive de naturalibus et mysticis, und im Uebrigen richtig; Grässe in
seinem Lehrbuch einer allgem. Literärgeschichte u. s. w., Bd. I [Dresden u. Leip-
zig 1837], S. 400: Democriti op. chemica et magica, s. de arte magna, cum
Synesii et Pelagii comment. interpr. est D. Pizimentio; Padua 1572 (in seinem
Trésor gab er später den Titel richtig; vgl. Anm. 12). Bei Mullach a. o. a.
O., p. 157 wird unter den dem Democrit von Abdera untergeschobenen
Schriften angeführt: De arte sacra (i. e. chemica) libellus cum Synesii, Mich.
Pselli et Pelagii commentariis ex D. Picimentii interpretatione latine editus
Patavii 1572.

²⁴) Diese Handschriften, welche nach dem über sie bekannt Gewordenen
die wesentliche Grundlage des oben über den Inhalt der Physica et mystica
Gesagten zunächst abgeben, finden sich in Sammlungen griechischer alchemistischer Aufsätze, die auf einer grösseren Zahl von Bibliotheken vorkommen.
Aber die oben genannten Handschriften sind allein die bezüglich ihres Inhalts
eingehender beschriebenen. Ich wusste bei der Abfassung des hier vorliegenden Abschnittes über Democrit noch nicht, ob ich eine vollständigere
Auskunft über jene Sammlungen auszuarbeiten versuchen würde; was ältere
Angaben über die Handschriften betrifft, welche des Democrit Physica et mystica enthalten, und was denselben meine Bekanntschaft mit Handschriften-Kata-
logen hinzufügen lässt, findet sich unten S. 131 f., Anmerk. 53 zusammengestellt.

²⁵) Catalogus codicum manuscriptorum bibliothecae regiae, T. II [Pari-
siis 1740], p. 475, 483; Lenglet du Fresnoy's Histoire de la philosophie hermétique [à la Haye, 1742], p. 13, 14, 19; Schmieder's Geschichte der Alchemie [Halle 1832], S. 65.

²⁶) Vgl. Lambeck a. u. (Anmerk. 28) a. O., p. 432 u. 431, auch Nessel,

Inhalt der Pariser Handschriften verdanken wir Amcilhon [27]) genauere Nachrichten; über den der Wiener Handschriften hat Lambeck [28]) Einiges mitgetheilt; viel weniger ist bezüglich dessen, was noch andere Handschriften enthalten, angegeben. Was die Pariser Handschriften bieten, ist zunächst zu betrachten.

Δημοκρίτου φυσικὰ καὶ μυστικά sind sie betitelt. Uebereinstimmend beginnen sie mit einer Anleitung zur Purpurfärberei. Ohne jeglichen Uebergang fährt dann der Verfasser fort mit einer wunderbaren Erzählung. Er sagt im Wesentlichen: Da er in solchen Sachen durch den vorerwähnten Lehrer (dessen aber in diesen Handschriften nicht erwähnt wird) unterrichtet gewesen und mit der Verschiedenheit der anzuwendenden Substanzen bekannt geworden sei, sei ihm noch übrig geblieben die Anweisung, wie er die Naturen oder

---

Catalogi bibliothecae caes. vindobon. manuscriptorum — — — Pars III, p. 15.

[27]) Notices et extraits des manuscrits de la bibliothèque nationale — — —, publiés par l'Institut national de France; T. VI [Paris, an IX], p. 302.

[28]) Petri Lambecii Commentariorum de augustissima bibliotheca caesarea vindobonensi Liber sextus; editio altera studio et opera A. F. Kollarii [Vindobonae 1780]; p. 386. Lambeck bespricht hier (p. 380 bis 433) eine, 1564 zu Venedig abgeschriebene Sammlung griechischer chemischer Schriften ausführlich, und giebt dann (p. 434) an, dass die Wiener Bibliothek noch eine, in demselben Jahre von demselben Abschreiber gefertigte Abschrift einer solchen Sammlung griechischer chemischer Schriften besitze, auf welche letztere näher einzugehen also unnöthig sei. — Man könnte vermuthen, dass diese Abschriften in Venedig von der etwa aus dem elften Jahrhundert stammenden, eine solche Sammlung enthaltenden Handschrift genommen worden seien, die auf der Marcus-Bibliothek zu Venedig befindlich war und über welche Bernard nach d'Orville's Notizen einige das in dem Katalog dieser Bibliothek Enthaltene vervollständigende Angaben veröffentlicht hat (vgl. Palladii de febribus concisa synopsis graece et latine cum notis J. S. Bernard [Lugduni Batavorum 1745], p. 109 sqq.); aber danach, dass die eine Sammlung Einiges hat, was in der anderen fehlt, und die Ordnung der in beiden Sammlungen enthaltenen Aufsätze in ihnen eine ganz verschiedene ist, ist dies doch nicht anzunehmen. In dieser Venetianer Handschrift beginnt, wie ich hier bemerken will, des Democrit Schrift (als Ueberschrift ist hier angegeben: *Δημοκρίτου περὶ πορφύρας καὶ χρυσοῦ ποιήσεως φυσικὰ καὶ μυστικά*) auch, und mit denselben Worten (*Βαλὼν εἰς λίτραν ἃ πορφύρας — — —*) wie in der von Lambeck beschriebenen Wiener Handschrift, mit einer Anleitung zur Purpurfärberei. Ueber diese Venetianer Handschrift finden sich auch Nachrichten in Jac. Morellii bibliothecae regiae D. Marci Venetiarum custodis Bibliotheca manuscripta graeca et latina, T. I [Bassani 1802], p. 172 sqq.

Wesen zusammenfüge oder in Einklang bringe (ὅπως ἁρμόσω τὰς φύσεις). Da der Lehrer früher gestorben sei als dass er, der Verfasser, sich habe in der Wissenschaft ganz ausbilden können, so habe er beschlossen, jenen zur Befragung aus der Unterwelt zu beschwören; aber während er noch mit den Vorbereitungen dazu beschäftigt, sei ihm der Lehrer plötzlich erschienen und habe ihm gesagt: „Das also ist der Lohn für Alles, was ich für Dich gethan". Auf mehrere Fragen, namentlich wie man die Naturen zusammenfüge oder in Einklang bringe, habe der Lehrer geantwortet, dass es schwierig sei, diese Wissbegierde zu befriedigen; der Verfasser vermuthet, dass der den Lehrer beherrschende Dämon oder Genius Demselben die Mittheilung genügender Belehrung nicht gestattet habe. Der Lehrer sagte nur: „die Bücher sind in dem Tempel". Der Verfasser suchte sofort in dem Tempel sorgsamst, aber erfolglos; der Lehrer habe auch bei Lebzeiten nie von Büchern gesprochen und sei ohne Hinterlassung von Schriftlichem gestorben (in Folge absichtlicher oder unabsichtlicher Vergiftung, wie da auch erzählt wird). Nachdem alles Suchen des Verfassers nutzlos gewesen, befand er sich bei einem grossen Fest im Tempel; während des Males öffnete sich plötzlich eine der Säulen des Tempels und in der Höhlung erblickten die Anwesenden die Bücher, auf welche der Lehrer hingewiesen hatte. Herausgenommen ergaben dieselben aber nur die Worte: ἡ φύσις τῇ φύσει τέρπεται· ἡ φύσις τὴν φύσιν νικᾷ· ἡ φύσις τὴν φύσιν κρατεῖ (die Natur erfreut sich der Natur; die Natur besiegt die Natur; die Natur beherrscht die Natur); und der Verfasser sagt, sie seien sehr erstaunt darüber gewesen, dass die ganze Lehre des Meisters in so wenig Worten enthalten sei.

Hier ist ein für die dem Democrit beigelegte Schrift in sofern bedeutsamer Abschnitt, als unter den anderen Handschriften und Bearbeitungen einige nur das Vorhergehende, andere nur das Folgende haben oder kennen. — In den Pariser Handschriften tritt nach der eben skizzirten Einleitung der Verfasser in die eigentliche Alchemie ein und giebt mehrere Vorschriften, Gold und Silber künstlich zu machen. Eine Vorschrift zum Goldmachen hat Ameilhon genauer mitgetheilt; ihr Sinn ist der folgende: „Nimm Quecksilber, fixire es mit Magnesia oder italischem Stimmi (Stibium) oder ungebranntem Schwefel oder Aphrosclina oder gebranntem Kalk oder Stypteria von Melos oder Arsenik oder wie es Dir sonst beliebt. Wirf die weisse Erde auf das Kupfer und Du erhältst ein helleres Kupfer. Wirf die gelbrothe Erde auf Silber und Du erhältst Gold. Auf Gold entsteht Chrysokorallos., Sandarach giebt das Gelbrothe, und auch zubereiteter Arsenik und auch gänzlich umgewandelter Zinnober. Helleres Kupfer erhält man nur mittelst Quecksilber. Die Natur besiegt die Natur". Die Kunstausdrücke sind hier möglichst wörtlich wiedergegeben; dass sie wenigstens theilweise nicht bedeuten, was wir jetzt darunter verstehen, braucht nicht besonders bemerkt zu werden; ob die „Goldkoralle" die s. g. Goldtinctur oder den Stein der Weisen bedeute, wie auch Ameilhon vermuthet, mag dahin gestellt bleiben. Mehrere andere Anweisungen, Gold zu machen, werden noch gegeben; dann auch eine, Silber zu machen, mit der Vorschrift beginnend: „das Quecksilber aus dem Arsenik oder aus dem Sandarach, wie es beliebt, sei in gebräuchlicher Weise zu fixiren oder fest zu machen". — Auch ärztliche Vorschriften werden gegeben; es wird gewarnt, allzu viele Substanzen in die Mischung Eines Heilmittels eingehen zu lassen; Menschenkoth wird für die Behandlung bei Verwundungen durch ein scharfes Eisen empfohlen; bei Augenleiden ist die Rhamnus-Pflanze ein sicheres Heilmittel.

So viel im Wesentlichen lehrt uns Ameilhon über den Inhalt der Pariser Handschriften der Physica et mystica des Democrit kennen; auf die, doch unerheblicheren Verschiedenheiten, welche sie unter einander verglichen zeigen, ist hier nicht einzugehen. Grössere Abweichungen zeigen andere Handschriften im Vergleich zu den eben besprochenen.

Die Wiener Handschriften, über welche Lambeck[29]) genauere Auskunft gegeben, sind auch betitelt Δημοκρίτου φυσικὰ καὶ μυστικά und beginnen gleichfalls, und in denselben Worten, mit der Anleitung zum Purpurfärben. Besonders bemerkenswerth sei in dem dann Folgenden die Erscheinung des Lehrers. Ob das, was in den Pariser Handschriften noch nachher, nach dem S. 116 hervorgehobenen Abschnitte folgt, auch in den Wiener Handschriften

---

29) A. S. 115 a. O.

enthalten sei, erhellt aus dem von Lambeck über die letztern
Mitgetheilten nicht. Wahrscheinlicher ist mir, dass es auch in
diesen Handschriften steht, obgleich man diese manchmal so, als
enthielten sie nur die Erzählung von der Erscheinung des Lehrers, angeführt findet (vgl. unten S. 119) und allerdings in einzelnen Handschriften[30]) der Theil über Purpurfärberei und die
Erscheinung des Lehrers einerseits und der eigentlich alchemistische
Theil andererseits getrennt von einander, wie unter sich unabhängige Aufsätze, vorkommen.

Gewiss aber haben oder hatten Handschriften nur das nach
diesem Abschnitt Folgende[31]), so dass sie mit den Worten beginnen: Ἡ φύσις τῇ φύσει τέρπεται u. s. w. Bestimmt scheint mir
dies der Fall gewesen zu sein für die Handschrift, nach welcher
Pizimenti seine Uebersetzung fertigte[32]): eine Handschrift, welche
Ameilhon[33]) überhaupt als eine wahrscheinlich sehr fehlerhafte
hinstellt und als die Ursache, wesshalb oft jene Uebersetzung
ganz unverständlich ist. — Man hat den Inhalt der Pizimenti-
schen Schrift als Eine besondere dem Democrit beigelegte Schrift
von einer anderen, Mystica et physica, unterscheiden wollen; so

---

30) In einer Wolfenbütteler z. B., vgl. S. 120, Anmerk. 36.

31) Wie auch Ameilhon a. a. O., p. 306 hervorhebt, unter Berufung auf
das von Fabricius in der Bibl. gr. (wohl Vol. XII [Hamburgi 1724], p. 768
sq.) Mitgetheilte.

32) Schon nach den Anfangsworten dieser Uebersetzung (welche auch
Fabricius Bibl. gr. Vol. XII, p. 709 und Ameilhon a. a. O., p. 313 als
solche mittheilen): Natura natura gaudet, et natura naturam vincit, et natura
naturam retinet, und nach Ameilhon's ausdrücklichem Urtheil, welches ich
nach Einsichtnahme in die Uebersetzung des Pizimenti nur bestätigen kann.
Dieselbe enthält nicht das über Purpurfärberei Gesagte, nicht die Erscheinung
des Lehrers, nicht die Auffindung der Schriften des Letzteren. Es scheint mir
weniger Wahrscheinlichkeit zu haben, anzunehmen, dass Pizimenti aus einer
vollständigeren Handschrift nur einen Theil übersetzt veröffentlicht habe (etwa
nur das als de rebus naturalibus handelnd Betrachtete, unter Weglassung des-
jenigen, was als mystica zu betrachten). In der Widmung an den Cardinal
Perrenot, welche als Vorrede zu betrachten, ist Nichts hierauf Hindeutendes
zu finden. Aber darauf, dass die Handschrift vielleicht als Fragment bezeichnet war, kann hindeuten, dass nach der Widmung die Uebersetzung als Ueberschrift hat: Ex rebus naturalibus et mysticis Democriti. Darüber, dass sie
wahrscheinlich ein Fragment war, vgl. unten die Anmerk. 38.

33) A. a. O., p. 313 ff.

Menage[34]) im 17ten Jahrhundert und Mullach[35]) in neuerer Zeit; nach Mullach wäre die erstere Schrift eine vorwiegend alchemistische, und die letztere, handschriftlich auf der Wiener Bibliothek und mehreren anderen Bibliotheken bewahrte enthielte, als Hauptsächliches die Erscheinung des Geistes des Lehrers des Democrit. Aber die vollständigeren, Beides enthaltenden Pariser Handschriften sind auch als Physica et mystica bezeichnet, und es ist mindestens eben so wahrscheinlich, dass uns Eine Schrift aus früherer Zeit als von einem Democrit herrührend erhalten ist, von welcher einige Handschriften nur einzelne Theile enthalten. Indessen sind auch die, Alles auf uns Gekommene enthaltenden Handschriften[36]) unvollständig, wie aus der Bezugnahme auf vor-

---

[34]) Menagii observ. et correct. ad Diog. Laert. IX, 49.

[35]) Democr. Abd. op. fragm. ed. Mullachius [Berolini 1843], p. 158. Die Unterscheidung zweier Schriften ist hauptsächlich veranlasst durch zwei verschiedene Titel, welche ganz gewiss sich auf im Wesentlichen dieselbe Schrift beziehen: den, unter welchem als den Inhalt am Deutlichsten bezeichnend ein Stück dieser Schrift zuerst in lateinischer Uebersetzung gedruckt wurde, und den als in den Handschriften stehend bekannt gewordenen. Wenn übrigens Mullach eine Schrift De arte sacra, welche Pizimenti übersetzte, und eine Schrift Mystica et physica als verschiedene auch desshalb unterscheidet, weil jene Uebersetzung, wie er selbst früher ersehen, die Aufschrift Physica et mystica nicht habe, so ist dies nur für den von Pizimenti vorgesetzten Titel richtig; es findet sich die Ueberschrift „Ex rebus naturalibus et mysticis Democriti" über dem Anfang der Uebersetzung allerdings. — Ich will hier beiläufig doch bemerken: wenn Mullach zu den vielen Variationen des Titels noch die Angabe hinzufügt, Reuvens citire in seinen Briefen an Letronne (Lettres sur les papyrus bilingues et grecs du musée d'antiquité de l'université de Leide; Leide 1830) die Abhandlung des s. g. Democrit nur unter dem Titel περὶ ἱερᾶς τέχνης, so kann ich nicht finden, dass Reuvens sie überhaupt unter diesem Titel citire.

[36]) Eine solche Handschrift ist auch wohl, nach dem Anfang und der Ueberschrift und namentlich nach dem von Morelli über ihren Inhalt Mitgetheilten zu urtheilen, die oben (S. 115, Anm. 28) erwähnte der Marcus-Bibliothek zu Venedig; und auch die auf der Münchener Bibliothek befindliche handschriftliche Sammlung alchemistischer Abhandlungen enthält, soweit es Hardt's (Catalogus codicum manuscriptorum graecorum bibliothecae regiae bavaricae, T. II [Monachii 1806], p. 22 sq.) Angaben beurtheilen lassen, so wie die Pariser Handschriften, sowohl das in den Wiener Handschriften Enthaltene als auch das von Pizimenti Uebersetzte. Auch die dem Fabricius zugekommene Abschrift einer Pariser Handschrift enthielt Beides (Fabricii Bibliotheca graeca, Vol. XII [Hamburgi 1724], p. 768 sq.). In einer Hand-

her Gesagtes, aber in diesen Handschriften sich doch nicht Findendes sich folgern lässt[37]); sie geben uns nach Ameilhon's
Ausdruck nur un fragment d'un ouvrage plus étendu, un extrait
fait par un abréviateur peu intelligent[38]).

---

schrift der Bibliothek zu Wolfenbüttel (Bibliothecae Guelferbytanae codices
graeci et latini classici; rec. F. A. Ebert [Lipsiae 1827], p. 45 sq.) stehen zuerst Democriti φυσικά καὶ μυστικά mit dem Anfange Ἡ φύσις τῇ φύσει τέρπεται — — — und später kommen noch einmal Democriti φυσικὰ καὶ μυστικά mit dem Anfange Βαελὼν εἰς λιτ. ἄ — — (Est initium libri superioris,
hoc loco ex alio, ut videtur codice suppletum, bemerkt Ebert zu dem letzteren Aufsatze). In dem Inhaltsverzeichniss einer Sammlung griechischer alchemistischer Aufsätze, welche Leo Allatius herauszugeben beabsichtigte
(sein Vorhaben wurde nicht ausgeführt, nur jenes Verzeichniss ist veröffentlicht), werden erst: Ex Democriti Physicis ac mysticis (mit dem Anfang: Ἡ
φύσις τῇ φύσει — — und der Angabe, hierzu gehöre des Pizimenti Uebersetzung), und dann: Democriti Physica et mystica (mit dem Anfang: Βαλὼν
εἰς λίτραν μίαν πορφύρας — —) aufgeführt (Fabricii Biblioth. graeca, Vol. XIV,
p. 19).

37) Vgl. S. 115. Schon Lambeck hatte (a. o. a. O., p. 386) hervorgehoben,
dass in der Erzählung von der Erscheinung des Lehrers des Letzteren in einer
Weise erwähnt wird, welche zeigt, dass dem uns erhaltenen Theile der
Schrift des Democrit ursprünglich Etwas vorangestanden haben muss, worin
schon von diesem Lehrer die Rede war.

38) Die Erscheinung des Lehrers findet auch in dem in einem folgenden
Abschnitt zu besprechenden Commentar des Synesios zu des Democrit
Werk keine Erwähnung, und darauf hin betrachtete Ameilhon später, bei
der Besprechung dieses Commentars (Notices et extraits des manuscrits de la
bibliothèque nationale — — —, publiés par l'Institut national de France;
T. VII [Paris, an XII], sec. partie, p. 223 s.), den Bericht über diese Beschwörung in den ihn enthaltenden Handschriften comme une addition faite au traité
du prétendu Démocrite, postérieurement au temps où son commentateur écri-
vait; und er sagt ferner (p. 226): Si, d'un coté, l'exemplaire de l'ouvrage de
Démocrite sur lequel Synesius a fait ses observations ne contenait point
— — — l'épisode de l'apparition d'Ostanes, de l'autre, il faut reconnaitre
qu'il renfermait aussi des choses qu'on chercherait en vain dans le traité du
philosophe d'Abdère, tel que nous l'avons aujourd'hui. — Ich bin in der Beantwortung der Frage, ob der Bericht über die Erscheinung des Lehrers ein
späterer Zusatz sei, nicht ganz so sicher. Auch in der Uebersetzung des
Pizimenti fehlt dieser Bericht, aber nach den Anfangsworten: Natura natura gaudet, et natura naturam vincit, et natura naturam retinet fährt sie fort:
Admirati vehementer sumus, quod breviter rem omnem perstrinxerit. Diese
letzteren Worte deuten auf Vorausgegangenes, in dieser Uebersetzung resp.
der ihr zu Grunde liegenden Handschrift Fehlendes; sie stimmen aber ganz
zu der Annahme, dass der Bericht über die Erscheinung des Lehrers ursprünglich vorausgegangen sei.

Das Werk selbst schreibt jetzt wohl Niemand mehr dem Democrit von Abdera zu [39]). Schmieder [40]) hat als Grund dafür,

---

[39]) Dafür, dass etwa von dem 4ten Jahrhundert an bis gegen das Ende
des 16ten Jahrhunderts dieses Werk fast insgemein als dem Democrit von
Abdera angehörig galt, brauche ich nach dem oben Besprochenen hier nicht
noch besonders Belege zusammenzustellen. Sehr vereinzelt steht da die von
Georg Agricola gegen die Mitte des 16ten Jahrhunderts ausgesprochene
Erklärung, der chemische Schriftsteller Democrit sei nicht der Philosoph
von Abdera gewesen (G. Agricolae de re metallica Libri XII; da, wo in dem
als Vorrede dienenden Widmungsschreiben an die Herzoge von Sachsen Die-
jenigen aufgezählt werden, welche χυμευτικά geschrieben haben, wird auch
angeführt Democritus, non Abderites ille, sed alter, nescio qui). Noch dem
Libavius galt der Democritus, cujus adhuc hodie manibus studiosorum teri-
tur de lapide philosophorum libellus, als der alte griechische Philosoph
(Commentariorum Alchymiae A. Libavii Pars I. [Francofurti ad Moenum 1606],
p. 2). Um das Jahr 1600 müssen aber doch schon Zweifel an der Echtheit
geäussert worden sein. Daniel Sennert sprach sich in seinem Buche De
Chymicorum cum Aristotelicis et Galenicis consensu ac dissensu (zuerst erschienen 1619), cap. III dahin aus: die unter dem Namen des Democrit
erhaltene Schrift sei bestimmt nicht erst von einem Araber verfasst, wie
Einige behaupten, sondern entweder dem Griechen Democrit angehörig,
oder wenigstens mit des Democrit Namen desshalb bezeichnet worden,
weil die Kunde sich erhalten habe, Democrit habe Verständniss der Chemie
besessen. Als identisch mit dem Democrit von Abdera betrachtete den Verfasser der Physica et mystica Athanasius Kircher (Prodromus Coptus sive
Aegyptiacus [Romae 1636], p. 172). Dass Democrit von Abdera chemische
Schriften verfasst habe, suchte, auch noch im 17ten Jahrhundert, Olaus Borrichius in seinem Buche: Hermetis, Aegyptorum et chemicorum sapientia — —
[Hafniae 1674], p. 72 zu beweisen, wenn auch zugestehend, dass das davon
auf uns Gekommene von den Abschreibern geändert und verderbt sei (auch
in seinem Conspectus scriptorum chemicorum celebriorum, in Mangeti Bibliotheca chemica curiosa T. I, p. 39). Lambeck hat in demselben Jahrhundert
der Ansicht Sennert's zugestimmt: die Physica et mystica seien aus des
Democrit von Abdera Schriften entnommen oder zusammengestellt, und auf
solche Zusammenstellungen weise Diogenes Laertios allerdings hin (Lambecii commentar. de bibl. caesar. vindobon. Lib. VI., ed. Kollarii [Vindob.
1780], p. 391). Lenglet du Fresnoy (Histoire de la philosophie hermétique [à la Haye 1742]) spricht zuerst von der fraglichen Schrift als einem
petit traité attribué à Démocrite (T. I, p. 27), aber später (T. III, p. 20) sagt
er: si cet ouvrage n'est pas de Démocrite (von Abdera), il est au moins
tiré de ses ouvrages. Unter Denen, welche zur Beseitigung des Glaubens an
die Echtheit dieser dem Abderiten beigelegten Schrift beitrugen, wären ausser
den hier specieller zu Besprechenden nach Fabricii Bibl. gr. ed. Harles Vol. II
[Hamburgi 1791], p. 641 namentlich noch zu nennen Conring (De Hermetica
medicina L. I, cap. 3, p. 28 sqq. [der Ausgabe von 1669]), Naudé (Apologia

dass es dem Abderiten nur irrthümlich beigelegt worden sei, aufgeführt: dass in den Pariser Handschriften nach Lenglet du Fresnoy's Bericht als Verfasser Demokritos, aber ohne den Zusatz:
von Abdera, genannt sei; dass bei Diogenes Laertios unter den
Schriften des Demokritos von Abdera keine aufgezählt sei, welche
als die hier betrachtete anzusprechen. wäre; dass nach Salmasius' Zeugniss die Sprache in der letzteren Spuren eines neueren
Ursprungs unverkennbar an sich trage. Bezüglich des zweiten
dieser Gründe vgl. S. 109; bezüglich des ersten und des dritten
möge noch Folgendes hier bemerkt werden.

Aus der Besprechung der Pariser Handschriften durch Ameilhon und der Wiener Handschrift durch Lambeck lässt sich allerdings schliessen, dass in keiner derselben der Verfasser der Schrift
sich selbst als den Democrit von Abdera bezeichnet. Vorge-
fasste Meinung, dass es sich um eine Schrift des Abderiten handle,
liess die, welche die Handschriften beschrieben oder übersetzten,
das Werk als eins Democriti Abderitae benennen; aber nur ober-
flächliche Kenntnissnahme konnte daraus die Schlussfolgerung
ziehen, diese Angabe des Geburtsorts des Verfassers komme in
der Schrift selbst vor[41]). Und ganz Dasselbe gilt in Beziehung
darauf, ob der Verfasser den Ostanes als seinen Lehrer nenne
und damit selbst zu der Deutung, er sei der Democrit von Ab-

---

pro Magis, p. 216 sq.), Dan. Clericus (in seiner Historia medicinae) und
Menage. Dann auch noch Reinesius (Judicium de chemicorum graec. co-
dice Gothano, in Fabricii Bibl. gr. Vol. XII [Hamburgi 1724], p. 757 sq.), dessen
Gründe Borrichius a. e. a. O. zu widerlegen suchte; dem Letzteren hat
Morhof (Polyhistor literarius P. I [Lubecae 1695], p. 105) zugestimmt.

[40]) Geschichte der Alchemie [Halle 1832], S. 65.

[41]) So sagt Lambeck (a. o. a. O.), wo er bei der Beschreibung der betreffenden Handschrift zu dem uns hier beschäftigenden Werk übergeht, in
derselben finden sich ferner Democriti Abderitae Physica et mystica, ad
chrysopoeiam pertinentia, quorum titulus et principium: Δημοκρίτου φυσικὰ
καὶ μυστικά. Dasselbe giebt an Nessel (Catalogi biblioth. caes. vindobon.
manuscript. — — — l'ars III, p. 15). Mit Unrecht hat daher Lenglet du
Fresnoy (Hist. de la phil. herm., T. III, p. 20) die Angabe, in dieser Handschrift seien enthalten Democriti Abderitae Physica et mystica, während er
bei der Aufzählung der Pariser Handschriften immer nur Democriti ohne das
Beiwort hat. Auch Pizimenti, ob er gleich das von ihm Uebersetzte als:
Democritus Abderita de arte magna betitelt, hat im Eingang: Ex rebus naturalibus et mysticis Democriti ohne das Beiwort.

dera gewesen, eine Veranlassung biete; welche ihre Wirkung
aber doch nur in der Zeit hätte haben können, wo man es als
feststehend betrachtete, dass Ostanes der Lehrer des Abderiten
gewesen sei (vgl. S. 109 f.). Nicht der Verfasser nennt — so weit
das von seiner Schrift uns Erhaltene beurtheilen lässt — Ostanes als seinen Lehrer, sondern erst Die, welche, von Synesios
an, über ihn schrieben[42]); er hat, so viel ich irgend ersehen kann,
kaum ein Wort von Reisen in Ländern, in welchen auch der Ab-
derit gereist war, kein Wort von Einweihung zu Theben, Memphis und Heliopolis (der Tempel, wo die Bücher gefunden worden seien, scheint in der Schrift dem Orte nach gar nicht näher
bezeichnet zu sein); er bringt Nichts dem Abderiten nachweisbar
Entlehntes von Ideen oder Lehren; er hat mit Einem Wort Nichts
von Allem dem, was man mit solcher Sicherheit als bei ihm zu
Findendes und den Beweis dafür Abgebendes aufgezählt hat, dass
er seine Schrift absichtlich als eine von dem Abderiten herrüh-

---

42) So sagt Lambeck (a. o. a. O.) ausdrücklich bezüglich des bei dem
Democrit nicht benannten Lehrers: Intelligitur autem Ostanes Magnus, de
quo vide supra citatum Plinii locum et paulo post epistolam Synesii ad Dioscorum; auf was hin Lenglet du Fresnoy (Hist. de la phil. herm. Vol. I,
p. 27 und unter ausdrücklicher Bezugnahme auf die Wiener Handschrift
Vol. III, p. 20) nicht hätte sagen sollen, Democrit spreche von dem Ostanes als seinem Lehrer. Auch nach Ameilhon (a. a. O., p. 304) sind es erst
die Commentatoren, welche als den Lehrer des Democrit den Ostanes
namhaft machen. In des Pizimenti Uebersetzung, in welcher ohnehin das
die Beschwörung des Lehrers Betreffende fehlt, kommt der Name Ostanes
auch nicht vor; als einzige Autorität finde ich hier bei dem Democrit genannt einen Heppamenes (f. 8 v⁰, nach Mittheilung eines alchemistischen
Receptes: Haec ratio Heppamenis, quam ostendit sacerdotibus Aegyptiis, et
usque at horum philosophorum tempora permanet, materia auri conficiendi)
oder Pammenes, wie dieser Name auch in Handschriften der Physica et mystica geschrieben ist (vgl. Fabricii Bibliotheca graeca, Vol. XII [Hamburgi
1724], p. 769) und auch sonst vorkommt: bei Georgios Synkellos im 9ten
Jahrhundert (in Dessen Chronographie, p. 198 der Venetianer Ausgabe von
1729; die betreffende Stelle auch bei Fabricius a. e. a. O., p. 757) wird bei
der Erzählung von des Democrit von Abdera Einweihung im Tempel zu
Memphis auch einer Jüdin Maria und des Pammenes erwähnt, welcher
Letztere um der Offenheit willen, mit welcher er geschrieben, getadelt worden
sei. Der Name Pammenes kommt im Alterthum bekanntlich auch sonst
noch vor; als der eines Goldarbeiters, aber ohne irgend welchen alchemistischen Beigeschmack, in des Demosthenes' Rede gegen den Midias.

rende habe wollen gelten lassen [43]) und dass der Namen Demo-

---

[43]) Ziemlich kurz urtheilte Beckmann in seiner Geschichte der Erfindungen, Bd. III [Leipzig 1790], S. 376 über die unter dem Namen des Democrit uns erhaltene Schrift, so weit er sie aus des Pizimenti Uebersetzung
kannte: „Ich sehe, dass es nicht das ganze Buch, sondern nur ein Abschnitt
daraus ist, welcher aber so aberwitzig geschrieben ist, dass der Betrug unver-
kennlich ist". Und ebenso bestimmt K. Sprengel (Geschichte der Arzneykunde, 3. Aufl., Bd. II [Halle 1823], S. 220): „Im Namen des Democritus
setzte ein Betrüger sogenannte φυσικά καί μυστικά auf, die noch in neueren
Zeiten herausgegeben und für ächt gehalten wurden". Anscheinend auf Be-
gründung seines Urtheils mehr eingehend sagt Höfer sowohl in der ersten
(Paris 1842; T. I, p. 266) als auch in der zweiten Auflage (Paris 1866; T. I,
p. 276) seiner Histoire de la chimie bei Besprechung des Verfassers der uns
beschäftigenden Schrift: Il ne faut pas confondre ce Démocrite avec l'ancien
philosophe qui porte le même nom. — Les philosophes de l'école d'Alexan-
drie, les Grecs du Bas-Empire, qui ne se piquaient pas d'une grande probité
littéraire, se plaisaient, à défaut d'idées, à se parer des noms les plus il-
lustres de l'antiquité. Homère, Hésiode, Platon, Aristote, tous ces noms furent
usurpés, aux premiers siècles de l'ère vulgaire, par d'obscures scoliastes et par
des alchimistes. — Sans doute plus d'un Grec peut s'appeler Démocrite,
comme plus d'un Français porte le nom de Rousseau. Mais, lorsque le
pseudo-Démocrite a soin, comme c'est ici le cas, de faire croire qu'il est d'Abdère, qu'il a voyagé en Perse, en Égypte, qu'il a été initié aux mystères de
Thèbes, de Memphis et d'Héliopolis, et enfin lorsqu'il s'attribue des idées ou
des doctrines qui appartenaient au Démocrite de l'antiquité, alors le mensonge
n'est plus permis; c'est une des tromperies si familières aux Grecs du Bas-Empire. Welches Urtheil denn auch ebenso in die Nouvelle biographie générale, T. XIII (Paris 1855), p. 573 übergegangen ist. Gewiss ganz ungerecht
beurtheilt ist hier „Démocrite le mystagogue, comme l'appelle La Porte du
Theil", wie sich Höfer ausdrückt, Notices et extraits mss. Vol. VI citirend.
In den Notices et extraits des manuscrits de la bibl. nat. Vol. VI (Paris, an IX)
finde ich indessen keinen Artikel von La Porte du Theil, welcher diesen
Gegenstand behandelte oder diesen Ausdruck enthielte; wohl aber in dem im
Vorliegenden so oft benutzten Aufsatz von Ameilhon (p. 303), nachdem Dieser
das ihm muthmassliche Alter der fraglichen Schrift besprochen, die Worte:
Telle est l'opinion que je proposerois; à moins qu'on n'aimât mieux attribuer
ce traité à un prétendu philosophe, auquel on a donné le titre de Mystagogus,
et qu'on suppose avoir voyagé en Perse sous le règne de Sapor, pour y cher-
cher les secrets de l'art divin ou du grand oeuvre. Si l'ouvrage qui nous
occupe était sorti de sa plume, il serait du milieu ou de la fin du IIIe siècle.
Dieser König Sapor soll nach mehreren Angaben in der uns hier beschäftigenden Schrift genannt werden. So sagt K. Sprengel in seiner Geschichte
der Arzneykunde, 3. Aufl., Bd. II (Halle 1823), S. 220 bei der Erwähnung der
Physica et mystica, und zwar die Uebersetzung des Pizimenti citirend:
„Der König von Persien, Sapor, (J. 320) kommt darin vor". Und Dasselbe,
nebst noch Anderem, wird behauptet von Grässe, welcher in seinem Lehrbuch

crit als der des Verfassers zur Unterstützung einer Fälschung an-

---

einer allgem. Literärgeschichte u. s. w., Bd. I [Dresden u. Leipzig 1837], erst
S. 400 bei Besprechung des Democrit von Abdera sagt: „Gewiss ist untergeschoben das blos in lateinischer Sprache herausgegebene Buch: Democriti
Op. chemica et magica" u. s. w. (vgl. S. 114, Anmerk. 23). „Wenigstens vindicirt es dem Synesius Ameilhon in Decade phil. de l'Institut de Paris
an IX, nr. 13, p. 196 s. cf. Millin Mag. Encycl. 1801, T. V, p. 236". Und
später, S. 1199, bei Besprechung der Periode 30 bis 476 n. Chr.: „Zu den alchemistischen Schriften gehörte wohl auch das vermuthlich erst spät (der per-
sische König Sapor, der um 320 n. Chr. lebte, wird darin genannt; cf. p.
225 ed. Mizaldi) in dieser Periode verfertigte (cf. Salmas. Not. ad. Tertull. de
pall. p. 141 sq.), schon oben p. 400 angeführte chemische, gewöhnlich dem
Democritus zugeschriebene Werk (cf. Lenglet du Fresnoy, Histoire de
la phil. herm. T. I, p. 222 ss; Schmieder p. 64 sq.)". Die betreffenden
Bände der Décade phil. etc. und von Millin's Magasin encycl. sind mir jetzt
nicht zugänglich; aber das weiss ich gewiss, dass Ameilhon mehr in seinem
Aufsatz über das alchemistische Werk des Democrit (Not. et extraits etc.
Vol. VI, p. 302; an IX) noch in seinem Aufsatz über des Synesios Commentar
zu demselben (Vol. VII, sec. partie, p. 223; an XII) dieses Werk dem Synesios vindicirt hat. Eine Erwähnung des Königs Sapor in diesem Werk
finde ich aber weder in den Berichten über die Pariser und Wiener Handschriften, noch in des Pizimenti Uebersetzung; den Abdruck der letzteren
bei Mizauld's Buch kann ich allerdings nicht einsehen (vgl. Anm. 13). Die erste
mir bekannte Erwähnung eines Königs Sapor, zusammen mit einem Versuche,
daran eine Bestimmung der Zeit des alchemistischen Schriftstellers Democrit anzulehnen, hat Reinesius, dessen 1634 abgegebenes Iudicium de chemic. graec. codice Gothano die Vermuthung enthält, dass in dieser von ihm
besprochenen Handschrift statt eines anderen Namens, Sophar, Sapor zu
lesen sei; ich gebe die bezügliche Stelle unten S. 129, Anmerk. 50, bemerke
aber gleich hier, dass nach dem von Reinesius selbst Angegebenen der
Name Sophar in der Altenburger o. Gothaer Handschrift (f. 85 v⁰ derselben)
gar nicht in der hier in Besprechung stehenden Schrift des Democrit vorkommt (diese ist auf f. 66 bis 73 gedachter Handschrift enthalten; vgl. bei
Jacobs und Ukert a. Anmerk. 45 a. O., p. 217) sondern in einem ganz anderen Aufsatze eines Ungenannten. Uebrigens vermisste bereits Morhof
(Polyhistor literarius [Lubecae 1695], P. I, p. 104) die Angabe eines Grundes,
wesshalb, wenn ein Philosoph (Alchemist) Sophar genannt werde, dieser mit
einem König Sapor confundirt werden solle. Des Reinesius Conjectur ist
auch in dieser Beziehung zurückzuweisen; Sophar der Perser, Σοφὰρ ὁ ἐν
Περσίδι, kommt in einer Aufzählung der älteren alchemistischen Autoritäten
in so vielen Handschriften gleichlautend geschrieben vor, dass man diesen
Namen nicht in solcher Weise beseitigen kann, und selbst Schriften unter
diesem Namen (der da allerdings mit dem Beisatz des Aegypters erscheint) sind
uns erhalten. Auf diese beiden Punkte hier einzugehen, würde aber diese
ohnehin schon lange Anmerkung zur Ungebühr verlängern; vielleicht komme
ich darauf noch einmal zurück.

genommen oder untergeschoben worden sei[44]). Bis zu besserer Belehrung glaube ich an eine solche absichtliche Fälschung nicht[45]).

---

[44]) Beachtenswerth ist auch, dass der Name Democrit sich auch sonst in relativ früher Zeit in Zusammenhang mit Geheimwissen vorgefunden hat. Der zweisprachige Papyrus, welchen Reuvens (Lettres à M. Letronne sur les papyrus bilingues et grecs — — — du musée d'antiquités de l'université de Leide [à Leide 1830], I. lettre, p. 5 ss.; appendice à la III. lettre, p. 147 ss.) als Nr. 75 beschrieben hat, enthält unter vielem Anderem auch, sous le nom de Démocrite, une table en chiffres pour pronostiquer par des calculs la vie ou la mort d'un malade. Le titre porte Δημοκρίτου σφαῖρα. Reuvens' Schätzung des Alters dieser Papyrus-Handschrift ist (in dem dem Atlas zum eben citirten Werke vorgesetzten Tableau des principaux papyrus grecs et démotiques, p. 6): „après J. C. 200 ou 300?".

[45]) Ich weiss nicht, wie es sich verhalten mag mit der Schrift, welche bei Fabricius (Bibliotheca graeca, Vol. XII [Hamburgi 1724], p. 771) nach der Abschrift einer Pariser, griechische alchemistische Aufsätze enthaltenden Handschrift als Δημοκρίτου βίβλος ἐ, προσφωνηθεῖσα Λευκίππῳ betitelt angeführt und mit welcher wohl die im Pariser Manuscripten-Verzeichniss (Catalogus codicum manuscriptorum bibliothecae regiae, T. II [Parisiis 1740], p. 484) und von Lenglet du Fresnoy (Histoire de la philosophie hermétique, T. III [à la Haye, 1742], p. 16) als in der Pariser Handschrift 2327 enthalten unter der Bezeichnung: Democriti liber ad Leucippum erwähnte identisch ist. Auch von Borrichius Hermetis, Aegyptiorum et chemicorum sapientia — — [Hafniae 1674], p. 80; auch Conspectus scriptorum chemicorum celebriorum, in Mangeti Bibliotheca chemica curiosa T. I, p. 39) wird, und zwar als eine echte Schrift des Democrit, genannt Δημοκρίτου βίβλος προφωνηθεῖσα Λευκηπῷ (sic). In einer in München aufbewahrten handschriftlichen Sammlung alchemistischer Abhandlungen findet sich nach Hardt (Catalogus codicum manuscriptorum graecorum bibliothecae regiae bavaricae, T. II [Monachii 1806], p. 29) auch Δημοκρίτου βίβλος ἐπιπροσφωνηθεῖσα Λευκίππῳ, und unter demselben Titel dieser Aufsatz auch in der Altenburger o. Gothaer Handschrift (Fr. Jacobs u. F. A. Ukert's Beiträge zur ältern Litteratur o. Merkwürdigkeiten der herzogl. Bibliothek zu Gotha, Bd. I, Hft. 2 [Leipzig 1835], S. 218). Unter dem Titel Δημοκρίτου βίβλος ε' προσφωνηθεῖσα Λευκίππῳ hat diesen Aufsatz u. a. auch eine Florentiner Handschrift (Catalogus codicum graecorum bibliothecae Laurentianae — —, auctore A. M. Bandinio, T. III [Florentiae 1770], p. 355). Ich kann über den Inhalt dieses Buches Nichts weiter angeben; man findet meist höchstens die Anfangsworte desselben mitgetheilt (Περὶ τουτέων τῶν τεχνῶν τῶν Αἰγυπτίων — — in Fabricius', Δημόκριτος Λευκίππῳ τὸ ἕτερον πλεῖστα χαίρειν. Περὶ τουτέων — — in der Florentiner Handschrift, Ἰδοὺ μὲν, ὅ ἦν, ὦ Λεύκιππε. περὶ τουτέων — — in der Altenburger o. Gothaer Handschrift, wie Gruner in: Isidis, Christiani et Pappi philosophi jusjurandum chemicum [Jenae 1807], p. 54 angiebt, und so auch in der Münchener Handschrift; das grösste Fragment, dem Anfang des Schriftstückes entnommen, findet man bei Gruner a. e. a. O., etwas weniger bei Fabricius und Bandini). — Hier will ich noch

Was nun das Alter dieser Schrift betrifft: dass sie nicht von
dem Abderiten herrührt sondern aus viel neuerer Zeit stammt, so
bedarf man nicht als Beweis dafür der irrigen Behauptung, dass
ein im 3ten oder 4ten Jahrhundert lebender persischer König Sapor darin genannt werde[46]); die Sprache der Schrift selbst legt,
nach dem Urtheil sprachkundiger Autoritäten, dafür bestimmtes
Zeugniss ab[47]). Aber ein relativ hohes Alter ist dieser Schrift

bemerken, dass nach dem für einzelne Sammlungen griechischer alchemistischer
Aufsätze Angegebenen auch ein Aufsatz *Δημοκρίτου περὶ ἀσήμου ποιήσεως* als
ein besonderer existiren soll (vgl. z. B. das über eine in der Venetianer
Handschrift enthaltene Inhaltsübersicht einer älteren Sammlung in Bernard's
Ausgabe der Schrift des Palladios von den Fiebern [vgl. S. 115, Anmerk. 28]
p. 115 Angegebene; ferner was Miller's Catalogue des manuscrits grecs de
la bibliothéque de l'Escurial [Paris 1848], p. 418 über eine Handschrift der
Bibliothek des Escurials hat). Es ist mir fast zweifellos, dass dies nur ein
Stück aus der, im Ganzen als *φυσικὰ καὶ μυστικά* bezeichneten Schrift ist;
wo Montfaucon (Palaeographia graeca [Parisiis 1708], p. 375) den Inhalt
einer in Mailand befindlichen handschriftlichen Sammlung alchemistischer
Aufsätze angiebt, werden auch Democriti Physica Mystica, de confectione
Azymi genannt; und Ameilhon (a. S. 115 a. O., T. VI, p. 308) giebt ausdrück-
lich an und lässt ersehen, dass und wo eine Unterabtheilung jener Schrift mit
den Worten *περὶ ποιήσεως ἀσήμου* beginnt (vgl. die weiter unten mitgetheilte
Uebersetzung des Pizimenti, S. 141). — Ein *Λόγος Δημοκρίτου φιλοσόφου*
findet sich unter anderen alchemistischen Aufsätzen in der schon erwähnten
Florentiner Handschrift (Bandini's eben angeführter Catalog T. III, p. 355).

[46]) Vgl. Anmerk. 43.

[47]) Vgl. Fabricii Biblioth. graeca, Vol. I [Hamburgi 1708], p. 809; Fabricii
Bibl. gr. ed. Harles, Vol. II [Hamburgi 1791], p. 641; bei Mullach a. a. O., p. 157.
— Salmasius urtheilt darüber in seinen Anmerkungen zu Tertullian de pallio (Tertulliani Liber de pallio. Cl. Salmasius recensuit, explicavit, notis illu-
stravit [Lutetiae Parisiorum, 1622], p. 141 sq.; in der Leydener Ausgabe der
Salmasius'schen Bearbeitung des Tertullian de pallio von 1656 p. 188 sq.);
bei Besprechung der Purpurfärberei führt er mehrere Stellen an, welche die
Physica sub nomine Democriti oder Physica Democriti enthalten, mit der Bemerkung: Haec infimae sunt Graeciae, sub nomine Democriti vulgata in libris
nondum editis, qui Graece *περὶ χυμείας* scripti sunt. Auch in den Bemerkungen zum Solinus wird bei Salmasius dieser Democrit subditicius genannt (vgl. S. 128, Anm. 49). An den oben genannten Stellen citirt wird auch
Mottanus Vayerus, T. I, p. 301 mit dem Ausspruch: Ceux qui sçauront
comme on parloit Grec du temps du Democrite et long temps après reconnoi-
tront facilement que ce traité qu'on lui attribue ne peut estre de lui, et ils
s'appercevront mesme par beaucoup de dictions que son veritable auteur a eu
connoissance du Christianisme (ich finde indessen Nichts, was die letztere Behauptung unterstützte; den vorstehenden Ausspruch hat die nouvelle édition

doch beizulegen: sie gehört mit höchster Wahrscheinlichkeit zu
den ältesten der uns erhaltenen alchemistischen Schriften, wenn sie
nicht geradezu als die älteste unter denselben bezeichnet werden
darf. Sie stand schon frühe, wahrscheinlich vom 4ten Jahrhundert
an in ungemeinem Ansehen; sie wurde während eines längeren
Zeitraums wiederholt commentirt [48]), von der frühsten Zeit an,
aus welcher eine alchemistische Litteratur uns vorliegt, finden
wir sie citirt [49]), und in das 4te Jahrhundert wenn nicht in ein
früheres ist ihre Abfassung zu setzen [50]). In dieser Schrift finden

revue et augmentée des Oeuvres de François de la Mothe Le Vayer, T. I
[Dresde 1756], Partie I, p. 339). Ameilhon sagt (a. a. O., T. VI, p. 302): Il n'y
a guère q'un alchimiste enthousiaste, ou un lecteur sans critique, qui soit ca-
pable d'attribuer ce traité au philosophe d'Abdère; il suffit de jeter un coup
d'oeil sur le texte, pour s'apercevoir que ce ne peut être la composition d'un
auteur des beaux siècles de la littérature Grecque.

[48]) Von Synesios wahrscheinlich im 4ten, von Pelagios im 5ten?, von
Stephanos von Alexandrien im 7ten, von Michael Psellos im 11ten
Jahrhundert.

[49]) Dieses, und das daraus zu folgernde beträchtliche Alter erkannte Salmasius auch ausdrücklich an. Claudii Salmasii Plinianae exercitationes in Solini
polyhistora; Pars II [Parisiis 1629], p. 1162: Democritus, qui quamvis subditicius sit, antiquum tamen esse oportet; quippe quem citari videam Synesio,
Stephano et Zosimo scriptoribus chymicis, et inter praecipuos ac veteres illius artis autores laudari. Ebenso Lenglet du Fresnoy (Histoire de la philosophie hermétique, T. I (à la Haye, 1742), p. 27: il est certain que ce traité
est très-ancien, puisqu'il a été commenté par des Auteurs Grecs dès le commencement du cinquième siècle de l'Eglise. Speciell darüber, dass bereits Zosimos
diese Schrift kannte, vgl. den später folgenden Abschnitt über den Letzteren. —
Manchmal auch werden Aussprüche des Democrit geradezu als die des
Meisters, ohne Nennung des Namens, bei den Alchemisten der Alexandrinischen
Schule citirt; das Citat in der Schrift eines ungenannten christlichen Alchemisten (Τοῦ χριστιανοῦ περὶ εὐσταθείας τοῦ χρυσοῦ), welches Höfer (Histoire
de la chimie, 2. éd., T. I, p. 287, Zeile 13 bis 18) mittheilt und von welchem
er fragend vermuthet, dass es einen Ausspruch des Zosimos enthalte, ist
eine Stelle aus der uns hier beschäftigenden Schrift des Democrit, welche
sich f. 5 v⁰ in der Uebersetzung des Pizimenti findet.

[50]) Ameilhon (a. a. O., T. VI, p. 303) ist der Ansicht: nach der Niederwer-
fung des ägyptischen Aufstands durch Diocletian (296 n. Chr.) und der dann
erfolgten Vernichtung der alchemistischen Bücher (vgl. S. 83 ff.) seien, als die
Verhältnisse wieder ruhiger geworden, die in der Erinnerung gebliebenen alchemistischen Vorstellungen und Vorschriften wiederum in einer Schrift ge-
sammelt worden, welche man dem Democrit zugeschrieben habe. Nach
dieser Ansicht würde man wohl als die Zeit der Abfassung dieser Schrift
die erste Hälfte des 4ten Jahrhunderts anzunehmen haben. — Eher noch

wir zuerst in Beziehung zur Chemie die mysteriöse Lehre ausgesprochen: die Natur erfreue sich der Natur, die Natur überwinde
die Natur, die Natur beherrsche die Natur — eine Lehre, welche
sich im Beginne des Mittelalters, scheinbar aus viel früherer Zeit
zugekommen, als ein tiefes Wissen einschliessend hervorgehoben
oder angedeutet findet, auch in Anspielungen auf anderem Gebiete als dem der Chemie oder Alchemie; eine Lehre, welche man
wirklich als chemische Erkenntniss enthaltend zu erklären versucht hat; eine Lehre, auf welche jedenfalls viele Jahrhunderte
hindurch als auf eine Grundlehre des Wissens häufig Bezug genommen wurde [51]).

etwas älter kann diese Schrift nach des Reinesius Urtheil sein, welcher
sich in seinem 1634 abgegebenen Judicium de chemic. graec. codice Gothano
(in Fabricii Bibl. gr. Vol. XII [Hamburgi 1724], p. 758) nach Zurückweisung
der Ansicht, dass sie den Democrit von Abdera zum Verfasser habe, fol-
gendermassen ausspricht: Veteris tamen scriptoris ista sunt qui naturam
mineralium bene perspectam habuit et artis medicae peritus fuit, ac fortasse
aliquis hoc nomine, qui ante Constantinum M. cui Democritus mystagogus fuisse
traditur, tempore regis Saporis (hic enim est qui in codice ms. f. 85. Sophar
appellatur) in Persiam profectus est artis sacrae hauriendae causa; Sapor autem usque ad A. C. 270 regno praefuit, unde probabiliter conjicias hunc
Democritum circa A. C. 300 — — in Aegypto versari potuisse. Ueber besagten König Sapor vgl. indessen S. 124 f., Anmerk. 43.
    [51]) Nach Synesios, dem Commentator dieser Schrift, war es der grosse
Ostanés, welcher zuerst es niederschrieb: die Natur erfreue sich der Natur
u. s. w. — Dass schon vor Democrit's (und zwar des Abderiten) Zeit diese
tiefsinnige Lehre im Tempel zu Memphis anerkannt gewesen sei, glaubte
Borrichius (De ortu et progressu chemiae [Hafniae 1668], p. 27) versichern
zu können: Democritum primum haec scripsisse non sustinebo, memor me in
manuscripto Isidis Lutetiae Parisiorum notasse, haec ipsa verba sed sacris
characteribus interiori sacrario delubri Memphitici inscripta quondam radiasse.
Darauf, dass diese Lehre in dem Schreiben der Isis an ihren Sohn Horos
enthalten sei, wurde dann noch von Borrichius in seinem (1697 veröffentlichten) Conspectus scriptorum chemicorum celebriorum (in Mangeti Bibliotheca chemica curiosa T. I, p. 39) ausdrücklich hingewiesen. Dieser in der
Form einer an den Sohn Horos gerichteten Schrift der Isis abgefasste alchemistische Tractat ist indessen bestimmt nicht so alt, als dies (am letzt-
erwähnten Orte) Borrichius annahm, welcher ihn aus der, der des Hermes
nächst kommenden Zeit stammen lassen wollte. Was Borrichius über denselben mittheilt, stimmt nur theilweise zu dem von Höfer (Histoire de la
chimie, 2. éd., T. I [Paris 1866], p. 530; vgl. auch daselbst p. 290) wahrscheinlich nach einer anderen Handschrift, als der von Borrichius benutzten, veröffentlichten Texte des Schreibens der Isis an ihren Sohn Horos, und
namentlich findet sich in dem von Höfer gegebenen Texte nicht die, die

Eher sollte man also für diese Schrift, als für viele spätere
und theilweise sich enge an die erstere anschliessende alchemi-

---

s. g. Lehre des Ostanes betreffende Stelle. Wohl aber findet sich Bezugnahme auf diese Lehre bei den dem Demokritos nachzusetzenden alchemistischen Schriftstellern: ausser bei Synesios z. B. bei Zosimos in Dessen
Schrift περὶ ἀρετῆς καὶ συνθέσεως ἱδάτων (Höfer's Histoire de la chimie,
1. éd., T. I. [Paris 1842], p. 500; 2. éd., T. I. [Paris 1866], p. 526; ich meine
die Stelle: ἡ φύσις ἡ νικῶσα τὰς φύσεις, ἀποτελεῖται τελεία φύσις); bei Stephanos von Alexandrien (in Dessen Anrufungen in dem Anfange des ersten
Stückes seiner alchemistischen Schrift wiederholt: ὦ φύσις ὑπὲρ φύσιν νικῶσα
τὰς φύσεις — — — ὦ φύσις φύσιν νικῶσα καὶ τέρπουσα u. a., Ideler's Physici
et medici graeci minores, Vol. II [Berolini 1842], p. 199; dann im ersten und
im vierten Stücke: ἡ φύσις τὴν φύσιν τέρπει, καὶ ἡ φύσις τὴν φύσιν νικᾷ, καὶ
ἡ φύσις τὴν φύσιν κρατεῖ, a. e. a. O., p. 200 u. 215); bei einem auch zu den
verbreiteteren früheren Autoritäten gehörigen anonymen christlichen Alchemisten, in τοῦ χριστιανοῦ περὶ τοῦ θείου ὕδατος (Höfer's Histoire de la chimie, 2. éd., T. I, p. 289: ἡ φύσις τῇ φύσει τέρπεται, ἡ φύσις τὴν φύσιν νικᾷ);
in des Archelaos Jamben περὶ τῆς ἱερᾶς τέχνης (in Ideler's eben citirter
Sammlung, Vol. II, p. 345:

     τέρπει γὰρ ὄντως ἡ φύσις τε τὴν φύσιν
     νικῶσα καὶ κρατοῦσα τὴν φύσιν πᾶσαν);

u. a. — Auf dem Gebiete der Astrologie findet man auf diese Lehre hingewiesen in der ersten Hälfte des 4ten Jahrhunderts, bei Julius Maternus
Firmicus (vgl. Lambecii Comment. de biblioth. caes. vindobon., L. VI., ed.
Kollarii [Vindobonae 1780], p. 219 u. 390), da wo er, auf Grund alter ägyptischer Vorstellungen, von der Unterordnung der 36 Abtheilungen des Thier-
kreises unter s. g. Decane und den Wirkungen der letzteren spricht (im IV.
Buche seiner Astrologie, cap. 16: Triginta sex signorum decani, eorumque de-
creta); die Stelle ist (Julii Firmici Materni Astronomicôn L. VIII ed. Nic.
Pruckner [Basileae 1533], p. 107): Necepso, Aegypti justissimus imperator, opti-
mus quoque astronomus, per ipsos decanos, omnia vitia valetudinesque colle-
git, ostendens quam valetudinem quis decanus efficeret, quia una natura ab
alia vincitur, unusque deus ab altero ex contrariis ideo naturis etc. — Schmieder (Geschichte der Alchemie [Halle 1832], S. 89 f.) möchte statt „Natur“
„Naturkraft“ setzen und die drei Theile der s. g. Lehre des Ostanes deuten:
„Die Naturkräfte der Körper zeigen eine freundliche Anneigung gegen einander; die eine Naturkraft zeigt sich stärker als die andere, und darum wird
oft die eine Anneigung durch die andere aufgehoben; es giebt aber eine
Naturkraft, welche alle die übrigen gewältigt, Anneigungen hervorruft und
wiederum aufhebt. Man erräth wohl, dass der erste Spruch die auflösende
Kraft andeute, die wir *Verwandtschaft* nennen, der zweite die bei uns so genannte *Wahlverwandtschaft*, der dritte aber die *Allgewalt des Feuers* über
alle Naturkräfte, worin das Hauptdogma der Phthaspriester bestand. Da
haben wir also in dem Kern der Lehre des grossen Ostanes die allerersten
Vorbegriffe der Chemie.“ — Diese Lehre erstreckt ihren Einfluss bis auf das
13te Jahrhundert und weiter. Noch in dem von Roger Bacon verfassten

stische Schriften erwarten, dass ihr Inhalt Dem, welcher die frühsten Denkmäler der Chemie oder Alchemie einsehen will, zugänglich sei. Dem ist aber, wie schon oben (S. 112 ff.) erörtert wurde, nicht so [52]): Ueberhaupt nicht gedruckt ist, was die zahlreichen [53]) griechischen Handschriften an alchemistischen Vorschriften ent-

---

oder ihm zugeschriebenen Tractat de potestate artis et naturae finden sich (Theatrum chemicum [Argentorati 1613], Vol. II, p. 409, 439) diese Sätze: Natura naturam continet, natura naturam superat, et natura obvians suae naturae laetatur et in alienas transmutatur naturas (nach E. Charles: Roger Bacon, sa vie, ses ouvrages, ses doctrines [Paris 1861], p. 286; ich kann jetzt an dem von ihm citirten Orte nicht nachsehen). Und unverkennbar tritt uns die s. g. Lehre des Ostanes noch entgegen in solcher Umschreibung, wie wir sie z. B. bei dem Bernhard von Trier (oder von Treviso?) im 14ten oder 15ten Jahrhundert (Bernardi Trevirensis ad Thomam de Bononia — — responsio de mineralibus et elixiris compositione; in Auriferae artis, quam chemiam vocant, Vol. II. [Basileae 1572], p. 87 sq.) finden: simplex natura simplici naturae sibi in homogeneitate prima et proportione elementali simili et identica adhaerendo congaudebit et perficietur. (Dieser Bernardus Trevirensis war früher als identisch mit dem im 15. Jahrhundert lebenden Grafen Bernhard von Treviso, dem Bernardus Trevisanus, betrachtet worden, z. B. von Lenglet du Fresnoy in seiner Histoire de la phil. hermét. [à la Haye, 1742] T. I, p. 245 und T. III, p. 120 s., von J. F. Gmelin in seiner Geschichte der Chemie, Bd. I [Göttingen 1797], S. 159 f., von Schmieder in seiner Geschichte der Alchemie [Halle 1832], S. 230, u. A. Darüber, dass der Bernardus Trevirensis seine Antwort auf ein alchemistisches Sendschreiben des Thomas von Bologna gegen das Ende des 14ten Jahrhunderts geschrieben habe und ein ganz Anderer als der Bernardus Trevisanus gewesen sei, vgl. Höfer in seiner Histoire de la chimie, 1. édition, T. I [Paris 1842], p. 421 oder 2. éd., T. I [Paris 1866], p. 445 s.; womit allerdings bezüglich der Zeit das im Widerspruch stünde, was man über den besagten Thomas von Bologna angegeben findet, vgl. Schmieder a. a. O., S. 232 f.).

[52]) Schon Borrichius (Hermetis, Aegyptiorum et chemicorum sapientia — — [Hafniae 1674], p. 70) spricht von dieser Schrift als rarissimo illo Democriti scripto, pluribus haud dubie audito quam inspecto.

[53]) Eine unrichtige Vorstellung über die Zahl und Verbreitung der die Physica et mystica des Democrit enthaltenden Handschriften giebt, was Schmieder (Geschichte der Alchemie [Halle 1832], S. 64) sagt: sie sei „durch Abschriften verbreitet, deren vier in der Pariser Bibliothek, eine in der Wiener und eine in der Leydener noch vorhanden sind". Zu dem bereits bezüglich der Pariser Handschriften (vgl. S. 114, Anmerk. 25; auch Höfer's Histoire de la chimie, 2. éd., T. I, p. 277 u. 300) und der auf der Wiener Bibliothek befindlichen (vgl. S. 114 f., Anmerk. 26) Angeführten füge ich hier noch folgende Angaben, wo sich über solche Handschriften Etwas findet: Reinesii de chemi-

halten⁵⁴); kaum aufzutreiben ist das, was Pizimenti in lateinischer Uebersetzung herausgab; während von den Commentatoren und späteren Alchemisten, die sich an jenen Democrit an-
schliessen, doch Manches in des Fabricius Bibliotheca graeca,
in Ideler's Physici et medici graeci minores, in Höfer's Histoire
de la chimie und an anderen Orten zugänglich ist. Unter solchen
Umständen erscheint es mir angemessen, im Folgenden die Ueber-

corum graec. codice Gothano judicium in Fabricii Bibl. gr. Vol. XII [Ham-
burgi 1724], p. 749; Fabricii Bibl. gr. ed. Harles Vol. II [Hamburgi 1791]
p. 633 sq.; Montfaucon's Palaeographia graeca [Parisiis 1708], p. 375;
Montfaucon's Bibliotheca bibliothecarum manuscriptorum nova [Parisiis
1739], p. 392, 407, 496, 529, 553, 599, 677, 738, 740, 773, 953, 1200; Catalogus
codicum manuscriptorum bibliothecae regiae, T. II [Parisiis 1740], p. 484;
Lenglet du Fresnoy's Histoire de la philosophie hermétique, T. III [à la
Haye, 1742], p. 28; Graeca D. Marci bibliotheca codicum manu scriptorum
[Venetiis 1740], p. 140; Bernard's S. 115, Anmerk. 28 citirte Ausgabe der Schrift
des Palladios von den Fiebern, p. 115; Morelli's daselbst citirte Bibliotheca
manuscripta graeca et latina, T. I, p. 174; Codices manuscripti bibliothecae regii
Taurinensis athenaei, T. I [Taurini 1749], p. 177; Catalogus codicum graecorum bibliothecae Laurentianae — —, auctore A. M. Bandinio, T. III [Floren-
tiae 1770], p. 348; E. Miller's Catalogue des manuscrits grecs de la bibliothèque de l'Escurial [Paris 1848], p. 147, 324, 418; Beiträge zur ältern Litteratur oder Merkwürdigkeiten der herzogl. Bibliothek zu Gotha, von Jacobs
und Ukert, Bd. I, Hft. 2 [Leipzig 1835], S. 217; Jac. Tollii Epistolae itinerariae, ed. H. C. Henninii [Amstelaedami 1700], p. 8; Bibliothecae Guelferbytanae codices graeci et latini classici, rec. F. A. Ebert [Lipsiae 1827], p. 45 sq.;
Nova librorum rariorum conlectio, fascic. IV [Halis Magdeb. 1715], p. 768;
Hardt's Catalog. codicum manuscript. graec. biblioth. reg. bavar., T. II [Mo-
nachii 1806], p. 22; Reuvens' Troisième lettre à M. Letronne p. 70, 74, 75
u. 163; Catalogi librorum manuscriptorum Angliae et Hiberniae in unum
collecti [Oxoniae 1697], T. I, Pars I, p. 336, 337, Pars III, p. 119; T. III, p. 61;
Catalogi codicum manuscriptorum bibliothecae Bodleianae, auctore H. O. Coxe,
Pars I [Oxonii 1853], p. 926; Pars III [Oxonii 1854], p. 88; Haenel's Catalogi
librorum manuscriptorum, qui in bibliothecis Galliae — —asservantur [Lip-
siae 1830], p. 838 (eine ehemals der Meermann'schen Bibliothek angehörige, dann in die Phillipps'sche Bibliothek zu Middlehill, Worcestershire in
England gekommene Handschrift enthält hiernach unter anderen alchemistischen Schriften auch Democriti Physica et musica [sic; die irrthümliche
Angabe ist aus dem Auctions-Kataloge der Meermann'schen Bibliothek in
den Katalog Haenel's übergegangen]).
⁵⁴) Von der Erzählung der Erscheinung des Lehrers hat Lambeck a. o.
(S. 115, Anmerk. 28) a. O., p. 386 sqq. den griechischen Text aus der Wiener
Handschrift zusammen mit einer auf der Wiener Bibliothek befindlichen älteren lateinischen Uebersetzung veröffentlicht.

setzung des Pizimenti, welche ich mir aus der ursprünglichen
Ausgabe (Patavii 1573) abgeschrieben habe, wiederzugeben, mit
so viel von dem griechischen Texte, als ich dem über die Handschriften Veröffentlichten entnehmen kann.

Eine deutliche Einsicht in die hier gegebenen Vorschriften
wird allerdings Niemand aus diesem Aufsatz erhalten, so wenig
wie in die in irgend einer alchemistischen Schrift gegebenen Anlei-
tungen zur Metallveredlung. Daran ist vor Allem der Umstand
schuld, dass hier Unausführbares als ausführbar hingestellt wird;
aber auch das Verständniss, wie sich der Verfasser die besprochenen Probleme als ausführbar denke, ist bis zum Unerreichbaren
erschwert durch die Dunkelheit und Vieldeutigkeit und Mannichfaltigkeit seiner Lehren, wie dies schon sein erster Commentator,
aber als etwas ganz Sachgemässes und zur Prüfung der Reife der
Leser Dienendes, anerkannt hat; wie denn auch damals schon es
als ein Gebot des Democrit betrachtet wurde, keinem Unwürdi-
gen oder nicht Eingeweihten das Geheimniss mitzutheilen [55]). Der

---

[55]) In dem weiter unten zu besprechenden Commentar des Synesios.
Ich setze aus diesem Commentar, welcher zum grösseren Theil in die Form
eines Zwiegespräches zwischen Synesios und Dioskoros eingekleidet ist,
folgende zwei Stellen hierher, aus Fabricii Bibl. graeca Vol. VIII [Hamburgi
1717], p. 235 unter Beifügung der daselbst (in der Paduaner Ausgabe von
1573 f. 13 v⁰) stehenden Uebersetzung des Pizimenti. Bezüglich der Be-
wahrung des Kunstgeheimnisses: Διόςκορός φησιν, καὶ πῶς εἶπεν (Δημόκριτος)
ὅτι ὅρκια ἡμῖν ἔθετο, μηδενὶ σαφῶς ἐκδοῦναι; καλῶς εἶπε μηδενί, οὐ κατὰ παντὸς κατηγορεῖται, αὐτὸς γὰρ περὶ τῶν μὴ μεμυημένων καὶ γεγυμνασμένων ἐχόν-
των τὸν νοῦν εἶπε; quomodo, inquit Dioscorus, nos jurejurando devinxit
(Democritus), ne alicui rem tantam liquido declaremus; recte ait: Nemini, hoc
est nulli imperito. Illud enim verbum: Nemini, non de omnibus praedicatur;
ipse namque hoc de imperitis et rudibus dixit. (Darüber, wie diese Stelle in
den Pariser Handschriften sich findet und zu lesen sei, auch dass Pizimenti
nicht genau übersetzt hat und u. a. richtiger statt nulli imperito gesetzt hätte
nulli initiato, und dass man anzunehmen hat, mit: Καλῶς εἶπε oder Recte
ait beginne eine Antwort des Synesios auf eine Bemerkung des Dioskoros,
vgl. Ameilhon in Notices et extraits des manuscrits de la biblioth. nat. — —,
T. VII [Paris, an XII], p. 232 s.; vgl. auch Gruner's Schrift: Isidis, Christiani et Pappi philosophi jusjurandum chemicum [Jenae 1807], p. 31.) Bezüglich undeutlicher Benennung und Beschreibung: ὁ δὲ φιλόσοφος πολλοῖς ὀνό-
μασιν ἐκάλεσεν αἰτά, ποτὲ μὲν ἑνικῶς, ποτὲ δὲ πληθυντικῶς, ἵνα γυμνάσῃ ἡμᾶς
καὶ εἰ ἐσμὲν νοήμονες; philosophus (Democritus) vero multis ipsa (die zu den
Operationen dienenden Substanzen) nominibus appellavit, aliquando quidem

Unverständlichkeit der Schrift hat allerdings Pizimenti's Uebersetzung noch Einiges hinzugefügt [56]); aber erheblich unverständlicher, als sie ursprünglich war, konnte er sie schwerlich machen. Und was man auch, und mit Recht, an dieser Uebersetzung auszusetzen haben mag: sie ist immerhin die einzige Form, in welcher uns, so lange der griechische Text nicht edirt ist, eine so alte alchemistische Abhandlung zugänglich ist; sie giebt immerhin, bei aller ihrer Fehlerhaftigkeit, doch eine allgemeine Vorstellung von der Art frühester uns erhaltener alchemistischer Schriftstellerei, wie sie kein Bericht, kein Auszug geben kann. Und selbst wenn, was sehr zu wünschen, der griechische Text unter Benutzung der verschiedenen Handschriften und des gesammten kritischen Apparates möglichst festgestellt veröffentlicht würde: er, wie eine neuere, gewiss viele Fehler des Pizimenti verbessernde Uebersetzung würden doch schwerlich zu einem klaren Verständniss des Inhalts verhelfen; eher wohl zu einem noch bestimmteren Urtheil über die Unverständlichkeit desselben, so weit es die einzelnen Operationen betrifft. So mag denn zur Vermittelung jener Vorstellung die Pizimenti'sche Uebersetzung hier folgen: getreu reproducirt, mit der Paginirung der Paduaner Ausgabe von 1573 [57]), nur die Abkürzungen des Drucks, wie sie in dieser Ausgabe gebraucht sind, auflösend, sonst aber höchstens einen oder den anderen Druckfehler — wo unzweifelhaft ein Druckfehler da ist — berichtigend. Ich habe in dieser Beziehung eher Manches, was man

---

unius, aliquando vero multorum numero, ut nos exerceat, et videat, si prudentes simus.

[56]) Lenglet du Fresnoy (Hist. de la phil. herm., T. I [à la Haye, 1742], p. 56) sagt in Beziehung auf Democrit's Werk, dass Pizimenti, en le traduisant, a substitué aux mots Grecs d'autres termes de la chymie nouvelle, qui ne disent pas la même chose. Aber den richtigen Sinn vieler Kunstausdrücke wird auch er schwerlich richtig anzugeben im Stande gewesen sein. Dass Pizimenti absichtlich sich dunkler als das Original ausgedrückt habe, glaubt auch nicht Ameilhon (Notices et extraits des manuscrits — —, T. VI, p. 312), welcher übrigens von dieser Uebersetzung urtheilt, sie sei toutà-fait barbare et très obscure; il serait même souvent impossible de l'entendre, sans le secours du texte.

[57]) Bis zu f. 5 r⁰ inclus. geht hier die als Vorrede dienende Widmung an den Cardinal Perronot, welche ich nicht mit aufnehme.

für Druckfehler halten möchte, stehen lassen, um nicht an Ver-
besserungen der Uebersetzung selbst zu kommen, die ich nicht
beabsichtige. Ich füge von griechischem Texte hinzu, was A m eil-
hon's Bericht über die Pariser Handschriften zu entnehmen ist;
ausserdem noch einige das richtigere Verständniss einzelner Stellen dieses Textes vermittelnde Bemerkungen Ameilhon's, und
sehr wenig Eigenes. Ich gehe nicht darauf ein, aus den zu der
Schrift des Democrit geschriebenen und uns erhaltenen Commentaren Schlussfolgerungen auf den Inhalt jener Schrift, und wie
einzelne Stellen derselben aufzufassen, andere zu ergänzen seien,
zu ziehen; ich betrachte einen solchen Versuch überhaupt als gewagt, aber als nicht zu unternehmen bevor der Inhalt der griechischen Handschriften vollständig vorliegt. Und dann wird auch
vielleicht einmal in Betracht gezogen werden, ob die in einigen
Bibliotheken handschriftlich vorkommenden lateinischen Uebersetzungen [58]) von Einzelnem dem hier besprochenen Democrit

---

[58]) Aeltere (wie es scheint) lateinische Uebersetzungen von Schriften, die
uns unter dem Namen des Democrit zugekommen sind, werden manchmal
erwähnt; aber es lässt sich kaum ersehen, ob sie das Ganze der vollständigeren Pariser Handschriften oder (was mir wahrscheinlicher ist) nur einzelne
Theile des darin Enthaltenen geben. Solcher Uebersetzungen erwähnt z. B.
Reinesius in seinem Judicium de chem. graec. codice Gothano (in Fabricii
Biblioth. graeca, Vol. XII [Hamburgi 1724], p. 749 sq.) und erweckte mir auch
einige Hoffnung, vielleicht eine lateinische Uebersetzung von Etwas vom
Democrit schon in des Ermolao Barbaro Bemerkungen zum Dioskori-
des zu finden; indessen enthalten Hermolai Barbari — — in Dioscoridem
Corollariorum Libri quinque (ich habe die Kölner Ausgabe von 1530 vor mir)
zwar gelegentliche Bezugnahme auf Democrit (Democritus chymista wird
der uns Beschäftigende genannt), aber Nichts von Uebersetzung aus der als
Physica et mystica bezeichneten Schrift. — Ueber eine ältere lateinische
Uebersetzung, welche (auch Anonymo quodam interprete) unter den Handschriften der Wiener Bibliothek bewahrt wird, vgl. Lambecii Commentar. de
biblioth. caes. vindobon. L. VI., ed. Kollarii [Vindobonae 1780], p. 382 u. 388;
Nesselii Catal. biblioth. caes. vindob. manuscr., Pars III, p. 15. Eine Abschrift dieser Uebersetzung findet sich auf der Bibliothek zu Gotha (Jacobs
u. Ukert's Beiträge zur ältern Litteratur oder Merkwürdigkeiten der herzogl.
Bibliothek zu Gotha, Bd. I, Hft. 2 [Leipzig 1835], p. 219. Eine lateinische
Uebersetzung, zusammen mit dem griechischen Texte, hatte ein Manuscript
der Seguier'schen Bibliothek zu Paris (Lenglet du Fresnoy's Histoire de
la philosophie hermétique [à la Haye 1742], T. III, p. 19); eine solche hat
auch eine Wolfenbütteler Handschrift (nach Ebert a. S. 132, Anmerk. 53 a. O.,

Beigelegtem zu einem besseren Verständniss oder zu richtigerer
Beurtheilung dieser frühesten alchemistischen Schrift beizutragen
geeignet sind.

Daran, dass der Inhalt der Schrift sich wesentlich auf Chemie der
Metalle und Metallveredlung bezieht, ist wohl nicht zu zweifeln [59]),
und das ist das, was der Schrift Interesse verleiht, welche ausserdem von der Aufgabe, unedle Metalle in edle zu verwandeln, und
den Mitteln, sie zu lösen, durchweg nicht als von Etwas Neuem
sondern als von Etwas schon lange Bearbeitetem und in Anwen-
dung Gebrachtem spricht. Unzweifelhaft ist auch, dass zur Lösung
jener Aufgabe Substanzen benutzt werden sollen, welche mit den
Benennungen mineralischer, pflanzlicher, thierischer Substanzen
bezeichnet sind. Für viele dieser Benennungen ist aber, was darunter verstanden sei, uns überhaupt nicht bekannt; für andere
war die Bedeutung früher eine andere als jetzt; manche Bezeich-
nungen mögen nur in figürlichem Sinne gemeint gewesen sein [60]).
Also nicht die Einzelnheiten, welche hier gelehrt werden, sondern
nur die Art, wie hier über Metallbearbeitung und Metallveredlung
gesprochen wird, ist das uns in Betracht Kommende.

---

p. 46). — Eine italiänische Uebersetzung hat in Handschrift die Bibliotheca
Laurentiana zu Florenz (Montfaucon's Bibliotheca bibliothecarum manuscriptorum nova [Parisiis 1739], p. 392); über das Alter derselben, und nach was
sie gemacht wurde, lässt sich Nichts ersehen.

[59]) Vgl. oben S. 106.

[60]) Dass Nitrum in jener Zeit noch immer Soda, und nicht Salpeter, bedeutet, ist bekannt. Kaum braucht erinnert zu werden, dass Magnesia damals so wenig das jetzt so Benannte bedeutet, als man bei dem, was in der
Uebersetzung als acida muria bezeichnet wird, etwa an acide muriatique denken dürfte. Ὑδράργυρος o. Mercurius *kann* Quecksilber bedeuten, aber mit
demselben Worte wurde auch Anderes, Darstellbares und Hypothetisches, bezeichnet. Ich will darüber, dass im Allgemeinen die hier gebrauchte Nomenclatur eine uns nicht oder nicht sicher verständliche ist, kein Wort mehr ver-
lieren. Dass Sol, Luna, Venus in der lateinischen Uebersetzung Gold, Silber,
Kupfer bedeuten, bedarf kaum besonderer Erwähnung.

EX REBUS NATURALIBUS, ET MYSTICIS DEMOCRITI.

Natura natura gaudet: et natura naturam vincit: et natura natu- F. 5 vᵒ.
ram retinet. Admirati vehementer sumus, quod breviter rem omnem
perstrinxerit [61]. ego autem venio in Aegyptum naturalia ferens, ut materiam superfluam, et confusam contemnatis. Capiens Mercurium infige
corpori magnesiae, vel corpori Italici stimmi; vel sulphuris ignem non
experti: vel spumae argenti, vel calci vivae, vel alumini ex Melo, vel
arsenico, vel, ut scis. et conjice terram albam Veneris, et habebis Venerem claram. flavam vero conjice Lunam, et habebis aurum, et erit chry-
socorallum in corpus redactum. Idem etiam facit arsenicum flavum, et
sandaracha praeparata et cinabrium, valde contusum. acs autem splendi-
dum solum argentum vivum facit. natura enim naturam vincit [62]. Mar-
chasitam (Pyri||tem Graece) argenteam, quam etiam sideritem vocant, F. 6 rᵒ.
rege, et fac ex more, ut solvi possit. Fluet autem vel per aureum,
vel album lithargirium, vel in Italico stimmi, et expurga cum plumbo.
non simpliciter inquam, ne aberres. sed eo, quod est a scissili et lithar-
girio nigro nostro, vel, ut scis, et coque, et conjice materiae flavum
factum, et tinget. Natura enim natura gaudet. Pyritem rege, donec

---

[61]) Ich habe darauf, dass dieser Satz auf Vorausgegangenes aber in dieser
Uebersetzung Fehlendes hinweist, schon S. 119 f. u. Anmerk. 38 aufmerksam gemacht.
[62]) Ameilhon (Not. et extr. des manuscr. — — T. VI, p. 306 s.) giebt den griechischen Text des Vorhergehenden: Λαβὼν ὑδράργυρον, πῆξον τῷ τῆς μαγνησίας σώμα-
τι ἢ τῷ τοῦ Ἰταλίκου στίμμεος σώματι· ἢ θείῳ ἀπύρῳ· ἢ ἀφροσελίνῳ· ἢ τιτάνῳ
ὅπτῳ· ἢ στυπτηρίῳ τῇ ἀπὸ Μήλου· ἢ ἀρσενίκῳ· ἢ ὡς ἐπινοεῖς· καὶ ἐπίβαλε λεί-
κην γαίαν χαλκῷ, καὶ ἕξεις χάλκον ἀσκίαστον· ξανθὴν δὲ ἐπίβαλε ἀργύρῳ, καὶ
ἕξεις χρύσον· χρυσῷ καὶ ἔσται χρυσοκόραλλος σωματωθεῖσα· τὸ δ' αὐτὸ ποιεῖ
καὶ σανδαράχα ξανθόν· καὶ ἀρσένικος οἰκονομηθεῖσα· καὶ κινάβαρις πάνυ ἡ
ἐκστραφεῖσα. Τὸν δὲ χάλκον ἀσκίαστον, μόνη ἡ ὑδράργυρος ποιεῖ· ἡ φύσις τὴν
φύσιν νικᾷ. Unter γαῖα λευκὴ ist nach ihm ein weisses, Kupfer in Silber verwan-
delndes Pulver, unter γαῖα ξανθή ein gelbes oder rothes, Silber in Gold verwan-
delndes Pulver zu verstehen, welches letztere Gold zu Goldtinctur umwandle;
Goldtinctur (der später so genannte Stein der Weisen) sei unter χρυσοκόραλλος
und dem nachher noch vorkommenden Worte χρυσοκογχύλιον, Goldpurpur, verstanden, und er knüpft daran Bemerkungen, ob bereits damals Purpurfärbung durch
Oxydation von Gold beobachtet gewesen sein möge. — Ueber das Irrige in Pizimenti's Version des oben gegebenen Receptes spricht sich Ameilhon noch
a. a. O., p. 312 s. eingehender aus.

fiat incombustibilis abjiciens nigredinem. rege autem muriam, vel urina incorrupta, vel aqua maris, vel oxymelite, vel, ut scis. donec fiat, ut auri ramentum incombustibile. et si fiet, misce cum eo sulphur ignem non expertum. vel alumen flavum, vel ochram atticam, vel, ut scis. et adjice Lunam per solem per auriconchylium. Natura enim naturam vincit. Claudianum capiens facias marmor, ut moris est, donec flavum fiat. Flavum reddas non lapidem inquam, sed id, quod utile est ex lapide. Flavum vero reddes per alumen ustum sulphure, vel arsenico, vel sandaracha, vel calce, vel, ut scis, et si apposueris lunam, facies solem, si vero solem, facies auri conchylium. Natura enim naturam vincens retinet. Cinabrium album facito per oleum, vel acetum, vel mel, vel muriam, vel alumen. postea flavum per misy, vel sori, vel chalcantha, vel sulphur vi-

F. 6 v⁰. vum, vel, ut scis. et adjice lunam, et erit sol. || si aurum tinges, vel aes, vel electrum. Natura natura gaudet. Cypriam, Cadmiam, Zonytem inquam, dealba, ut moris est, postea flavam facito. Flavam vero reddes felle vituli, vel terebinthina, vel cicino, vel raphanino, vel ovorum vitellis, quae ipsam flavam reddere possunt. et adjice lunam. aurum enim erit ob aurum. Natura enim naturam vincit.

Androdamantem rege vino austero, vel aqua maris, vel acida muria, quae res possunt ipsius naturam infringere. solve cum stimmi chalcidonio, et rege iterum aqua marina, vel muria, vel acida muria ablue, donec abeat stibii nigredo, frigito, vel assato, donec flavescat, et coquito aqua divina illibata, et argento imponito, et cum sulphur vivum adjeceris, facias chrysozomium i. e. liquorem aureum. Natura enim naturam vincit. hic est lapis chrysites appellatus.

Capiens terram albam, a cerusa inquam, et argenti scoriis, vel stibii Italici, et magnesiae, vel etiam albi lithargyrii, dealbato aqua marina, vel muria acida, vel aqua aëria sub rore, inquam, ac sole, ut ipsa soluta fiat alba, ut cerussa. Coque igitur hanc in fornace, et adjice ipsi florem aeris, vel aeruginem rasilem arte elaboratam inquam, vel aes ustum satis corruptum, vel chalcitem, vel cyanum, adjicito, donec fiat incorruptus, et

F. 7 r⁰. solidus, facile autem fiet. hoc || est molybdochalicum. Experire igitur si nigredinem exuerit, sin minus, aes ipsum ne culpes, sed teipsum potius, quoniam non recte gubernasti. ergo splendidum reddas, et solvas, et adjicito ea, quae flavum facere queant, assatoque, donec flavescat: et injice corporibus cunctis. Nam aes omne corpus tingit, ubi nitens, ac flavum fuerit. Natura enim naturam vincit.

Cum sulphure ignem non experto contere sori, et chalcanthum. sori autem, est ut Cyanus scabiosus semper in misy inventus, hoc etiam viride chalcanthum vocant. assa igitur ipsum in mediis carbonibus diebus tribus, donec fiat rubeum pharmacum. conjice Veneri, vel lunae a nobis factae,

et erit sol. hoc pone in laminas dissectum in aceto, et chalcantho, et misy, et alumine, et sale Cappadociae, et nitro rubro, vel, ut scis, per dies
tres, vel quinque, vel sex, donec fiat aerugo, et tinges. solem enim facit
chalcanthum ★ rubiginem. natura natura gaudet.

Chrysocollam Macedonum aerugini acris similem rege, solvens urina
juvenculae, donec convertatur. Natura. n. intus abdita est. Si igitur
convertetur, immerge ipsam in oleum cicinum saepius igniens, et intin-
· gens. postea assa cum alumine, prius solvens misy, vel sulphure vivo flavum reddas, et tinge omne corpus auri. o naturae naturarum guberna-
trices, o naturae sat || magnae, naturas mutationibus superantes, o na- F. 7 v".
turae supra naturam naturas delectantes. Haec igitur sunt magnam
naturam habentia his naturis non aliae in tincturis praestantiores, non
similes, non majores. haec soluta omnia operantur. Vos ergo o sapientes
non ignaros esse plane intelligo: immo admirati. scitis enim naturae po-
tentiam. juvenes vero valde offendendos, et scripto fidem non adhibituros,
eo quod materiam ipsam ignorant. non animadvertentes, quod medici,
ubi salubre pharmacum parare voluerint, non inconsiderate hoc facere
moliuntur, sed prius probantes, quale nam calidum sit, ac quale, cum
hoc conjunctum, mediocrem facit temperationem, sive frigidum, sive hu-
midum, sive quodcunque sit qualitatis genus, mediocrem adhibent temperationem. sed hi temere, et inconsiderate volentes parare salubrem medicinam, atque omnium morborum solutionem, non animadvertunt se in
damnum incursuros. cum enim arbitrentur nos fabulose, non autem mystice loqui, in rerum speciebus exquirendis nullam adhibent diligentiam,
ut si hoc est abstergens hoc vero abjiciendum. et si hoc tinctivum, hoc
vero accomodandum et si hoc superficiem tingit, vel si ex superficie
tinctura oboletur, etiam ex imo corporis metallici evanescet, et si hoc
igni resistit, hoc vero commix||tum aliquid, quod igni resistat, faciat, F. 8 r⁰.
exempli gratia, si sal abstergat superficiem Jovis, etiam interiores
partes penitus abstergat, ex si exterior pars aeruginem contrahat post
abstersionem, interiores quoque idem patiantur. et si superficiem Veneris
dealbat, et abstergit Mercurius, etiam interiores partes dealbet. et si
extrinsecus evanescit, etiam intrinsecus fugiat. Si hisce in rebus versati
fuissent, juvenes jacturam minus fecissent, judiciose ad rerum actiones
animum applicantes, ignorant enim naturarum antipathias, ut species una
decem permutat. gutta enim olei purpuram late commaculare, et parum
sulphuris multa comburere consuevit. Haec ergo de medicinis, et quo
nam pacto oporteat scripto incumbere, dicta sint.

Age vero liquores quoque deinceps referamus, capiens Rhaponticum
contere in vino Amineo austero ad cerae spissitudinem, et sume laminam
lunae, ut facias solem. cujus frusta sint ampla unguis latitudine, et hoc

pharmaco rursus frequentius uteris, et pone in vase vacuo, quod illiniens
undique, succende sensim, donec media pars absumatur, postea pone laminam in reliquiis medicinae, et sine cum vino praedicto, quousque succi
tibi liquor appareat. huc conjice statim laminam nondum refrigeratam,
F. 8 vº. postea sine, ut ebibat, ‖ deinde accipe eam, et pone in crucibulo, et invenies solem.

Si vero Rha sit vetustum tempore admisce ipsi elydrii[63]) partes
aequales prius parans, ut moris est. elydrium enim cum Rha cognationem
habet. Natura natura gaudet.

Recipe crocum Ciliciae, et relinque una cum flore croci, cum praedicto succo vitis, et facias liquorem, ut fieri solet, tinge argentum sectum
in laminas, donec tibi nitens videatur. At si aerea lamina fuerit, prae-
stantius erit, sed p(o)tius purga aes, ex more. Deinde capiens aristolo-
chiae herbae partes duas, et croci, et elydrii duplum, fac ut caeroti spissitudinem habeat, et inunges laminam, et fac ut prius, et mirabere. etenim
Ciliciae crocus eandem cum Mercurio operationem habet, ut item casia
cum cinamomo. Natura naturam vincit.

Capiens plumbum nostrum nitens factum per terram Chiam, et pyritem, et alumen, combure paleis, et funde in pyritem, et crocum, et cni-
cum, et aecumenicum florem, contere cum aceto acerrimo, et fac liquorem,
ut moris est, et infunde plumbum, et sine ebibat, et invenies solem. habeat autem compositio etiam parum sulphuris vivi. Natura enim naturam vincit.

Haec ratio Heppamenis est, quam ostendit sacerdotibus Aegiptiis, et
F. 9 rⁿ. usque ad ho‖rum philosophorum tempora permanet. materia auri conficiendi. ne autem miremini, si res una hujusmodi mysterium operatur.
Nonne videtis, ut multae medicinae vix etiam temporis progressu possent
valnera ferro illata conglutinare? at stercus humanum non longo tem-

---

[63]) Elydrium ist soviel als Chelidonium; vgl. das, alchemistische Kunstausdrücke
erklärende griechische Wörterbuch im Anhang zu Palladii de febribus — — ed. J.
S. Bernard (Lugduni Batavorum 1745), p. 146, auch Salmasii Plinian. Exercita-
tiones in Solini polyhistora, Pars II [Parisiis 1629], p. 1163. In dem uns von
Theophrast dem Eresier Erhaltenen botanischen Inhalts (in der Ausgabe von
Schneider, Leipzig 1818 bis 1821) finde ich das Wort nicht; auch nicht bei
Dioskorides (in der Ausgabe von Sprengel, Leipzig 1829 u. 1830). Dass des
Stephanus Thesaurus linguae graecae (in der Ausgabe von Hase und Dindorf)
es nicht enthält, kann hiernach weniger wundern. Aber auch in des Du Cange
Glossarien kann man es vermissen; nur im Anhang zu dem Glossar. mediae et in-
timae graec. findet man die Erklärung: Ἐλίδριον, sulfur album, und ferner (wie in
dem eben erwähnten Wörterbuche): χελιδωνία ἐπι [ἰστι] τὸ ἰλίδριον; ita glossae
chymicae mss. Ameilhon's Ansicht, dass ἰλίδριον essence ou teinture d'or bedeutet
habe und par conséquent la chélidoine ne peut être l'ἰλίδριον; elle n'en est que
le masque et l'emblème, vgl. in Not. et extr. des manuscr. — —, T. V, p. 384.

poris intervallo id praestat [64]). et ambustis multa adhibita medicamenta saepe nihil proderunt, plerunque dolorem nihil minuunt, calx vero sola recte parata morbum pellit [65]). et ophtalminm, si varia medicamenta adhibeantur, laedere saepius solent. at rhamnus planta cum ad omnem ejusmodi aegritudinem faciat, eam optime curat [66]). oportet igitur contemnere vanam, et intempestivam materiam illam, sed rebus tantum naturalibus uti. Nunc vero ex his quoque judicate, quod sine praedictis naturis nemo operatus est unquam. Si autem sine his fieri nihil potest, cur multarum rerum sylvam desideramus. quid nobis etiam multarum specierum concursus ad eandem rem opus est, cum res una caeteris omnibus antecellat. proinde videamus compositionem specierum, ex quibus argentum confici possit.

Argentum vivum ab arsenico, vel sandaracha, vel, ut scis, fige, ut moris est [67]), et admisce Venerem ferro sulphurato, et dealbabitur. idem etiam praestat Magnesia dealbata, et arsenicum sublimatum, et cadmia usta, et sandaracha ignem non experta dealbata, et cerussa torrefacta simul cum || sulphure. ferrum autem solves magnesiam conjiciens, vel F. 9 v⁰. sulphuris dimidium, vel magnetis parum, nam magnes habet cum ferro affinitatem. Natura natura gaudet.

Capiens praedictam nebulam coces cum oleo cicino, vel raphanino commiscens parum aluminis. postea capiens stannum, purga cum sulphure, ex more, vel marchasita, vel, ut tibi notum est, et injice in nebulam, et miscens omnia assa carbonibus tectis [68]). et videbis hanc medicinam fieri psimithio similem, quae dealbat omne corpus. sed in injun(c)tionibus, admisce illi terram Chiam vel Asteritem vel Aphroselinum, vel, ut scis. nam

---

[64]) Οὐχ᾽ ὁρᾶτε ὡς πολλὰ φάρμακα καὶ μόλις χρόνῳ τὴν ἐκ σιδήρου κολλήσει τομήν· κόπρος δὲ ἀνθρώπου οὐ χρόνῳ τοῦτο ποιεῖ (Ameilhon a. a. O., T. VI, p. 310).

[65]) Nicht als das rechte Mittel bei Brandschäden sondern als das Wirkende in Aetzmitteln wäre in dem griechischen Texte der Kalk hier besprochen, wie aus folgender Bemerkung Ameilhon's (a. a. O., T. VI, p. 311) hervorgeht: Dans les cautères, ce ne sont pas, dit-il, toutes les drogues qu'on y fait entrer qui agissent efficacement, c'est la chaux vive, et préparée comme il convient, qui produit tout l'effet: Μόνη δὲ ἄσβεστος οἰκονομηθεῖσα ἰᾶται τὸ πάθος.

[66]) Ῥαμνὸς δὲ τὸ φυτὸν πρὸς παντὰ τοιοῦτον ποιοῦσα πάθος (Ameilhon a. a. O., T. VI, p. 311).

[67]) Nach Ameilhon (a. a. O., T. VI, p. 308) heisst der griechische Text des Vorhergehenden: Περὶ ποιήσεως ἀσήμου. Ὑδράργυρον, ἀπὸ τοῦ ἀρσενίκου, ἢ σανδαράχης, ἢ ὡς ἐπινοεῖς, πῆξον ὡς ἔθος. Vgl. oben S. 99, Anmerk. 3.

[68]) Anders der Sinn des griechischen Textes, wie ihn Ameilhon (a. a. O., T. VI, p. 313) mittheilt: Ποιεῖ μίγμα, δὸς ὀπτᾶσθαι φωσὶν εἰλίκτοις, c'est-à-dire, Faites le mélange et exposez-le à la chaleur d'un feu dont la flamme circule autour du vase.

Aphroselinum cum Mercurio sociatum omne corpus dealbat. Natura naturam vincit.

Recipe magnesiam albam, et dealbabis ipsam muria, et alumine, in aqua marina, vel succo citri, vel fuligine sulphuris. nam sulphuris fumus cum sit albus, omnia dealbat. Alii vero tradunt fumum etiam ramorum palmae illam dealbare. admisce illi post dealbationem fecis partes aequales, ut satis alba fiat, et capiens aeris subalbidi, orichalci inquam unc. 4 pone in crucibulo subjiciens parum stanni prius purgati unc. 1. paulatim agitando, donec substantiae conjugantur: erit fragibile. conjice igitur albae medicinae dimidium, et erit praecipuum. magnesia enim dealbata

F. 10 r⁰. non sinit, ut corpora frangantur, vel ut aeris nigredo || foras emergat. Natura naturam retinet.

Recipe sulphur album, dealbabis vero illud urina solvens in sole, vel alumine et muria salis. florebit quam candidissimum, solve ipsum cum sandaracha, vel urina juvenculae dies sex, donec medicina ad marmoris similitudinem proprius accedat. et si ita fiat, mira res erit. nam Venerem dealbat, ferrum mollit, stanni stridorem tollit, plumbum candidum reddit. infrangibiles substantias, ac permanentes tincturas facit. sulphur enim sulphuri admistum divinas substantias facit. quippe cum magnam habeant inter se cognitionem. Naturae enim naturis gaudent.

Dealbatum vero lithargyrium junge cum sulphure, vel cadmia, vel arsenico, vel pyrite, vel oxymelite, ne amplius fluat. assa ergo ipsum carbonibus ardentibus luto vas muniens. habeat vero compositio etiam calcem torrefactam, et aceto imbutam per dies tres, ut majorem abstergendi vim habeat. Impone igitur ipsum factum cerusa magis album. saepe vero fit etiam flavum, si illi abunde ignis subministretur, sed si flavum fiat ad praesens tibi non proderit. nam mens est cum illo corpora dealbare. ure igitur ipsum mediocriter. et admisce omni corpori, quod dealbare volueris. nam lithargyrium si dealbatum fuerit, non amplius erit plumbum.

F. 10 v⁰. facile vero fiet. || nam cito plumbi natura in multas vertitur formas ⁶⁹). Naturae enim naturas vincunt.

---

⁶⁹) A m e i l h o n (a. a. O., T. VI, p. 309) bemerkt zu dem Vorhergehenden: Voici une observation sur le plomb qui est conforme à celle que les chimistes font tous les jours sur ce même metal. L'auteur de cet ouvrage dit que, lorsqu'on se sert de litharge pour parvenir à la confection de l'argent, il faut prendre garde de l'exposer à un trôp grand feu, parce qu'au lieu de devenir blanche, elle passe à l'orangé ou au rouge; c'est à dire qu'elle se convertit en *minium*. On remarque encore qu'il est nécessaire, que cette litharge demeure fixe et qu'elle ne se mette pas en fusion. L'auteur observe à cette occasion, qu'il n'est guère de métal qui change plus aisément de forme que le plomb: Ταχὺ γὰρ εἰς πολλὰ μεταιρέπεται ἡ τοῦ μολίβδου φύσις. En effet, il ne faut qu'un degré de feu assez foible pour faire passer ce métal de l'état solide à l'état liquide. Il se réduit en chaux ou

Capiens crocum Ciliciae pone cum aqua marina, vel muria, et fac liquorem, in quem igniens immerge aeris, vel ferri laminas, donec tibi satisfaciant, nam dealbantur. deinde sume medicinae dimidium, et contere cum sandaracha, et arsenico albo, vel sulphure ignem non experto, vel ut scis, et fac, ut cerae spissitudinem sumat, unge laminam, et pone in vase vacuo clauso, ut moris est, et locato in vase, ubi ramenta uruntur, tota die [70]), postea tollens mitte in purum liquorem, et erit albissimum aes. deinceps operare, ut artifex. nam Ciliciae crocus cum aqua marina dealbat, cum vino vero metalla flavo colore tingit. Natura natura gaudet.

Recipe lithargyrium album, et contere ipsum cum frondibus lauri, et cimolia, et melle, et sandaracha alba. et fac, ut strigmenti crassitudinem habeat, et injunge medicinae dimidium, et succende, ut moris est. immerge in reliquum medicinae. solvens aqua cineris alborum lignorum. nam miscellanea soluta bene sine igne operantur. haec liquoribus talia fiant, ut igni resistere queant. Natura enim naturam vincit.

Capiens praescriptam nebulam contere cum alumine et misy, aceto abluens ipsi adjicito || etiam aliquantulum albae cadmiae, vel magne- siam, vel calcem inextinctam, ut fiat corpus a corpore, et misce cum melle albissimo, et fac liquorem, in quem ignitum quodcunque volueris, immerge. ac relinque deorsum, et siet. habeat autem compositio et parum sulphuris vivi, ut medicina pervadat, ac penetret. Natura naturam vincit. F. 11

Recipe arsenici unc. 1 et nitri unc. 1 et corticis foliorum tenellorum perseae unc. 2. et salis dimidium, et succi mori unc. 1. scissilis partes aequales. tere simul in aceto, vel urina, vel calcis inextinctae cinere, donec fiat liquor. in hunc nigricantes Veneris laminas candentes immerge et nigredinem tolles. Natura naturam vincit.

Habetis omnia, quae ad aurum, et argentum requiruntur. nihil relinquitur; nihil deest, praeterquam nebulae, et aquae elevatio. sed haec libens omisi, cum libere in aliis etiam meis scriptis pertractarim. In hoc scripto valete.

---

s'oxide avec la plus grande facilité; et c'est aussi avec la même facilité qu'il se revivifie et reprend son brillant métallique. — Ich gebe diese Bemerkung als Beispiel, wie man einzelne Stellen der alten alchemistischen Schrift auffassen zu können geglaubt hat.

[70]) Der griechische Text für das Vorstehende ist nach Ameilhon (a. a. O., T. VI, p. 311): *Ποιήσον κηρωτῆς πάχος· καὶ χρίσον τὸ πέταλον· καὶ θὲς εἰς καινὸν ἀγγεῖον περιφιμώσας, ὡς ἔθος, θεὶς εἰς πρισματοκαίστην, ἡμέραν ὅλην*; unter πρισματοκαίστη ist nach Ameilhon ein Ofen zu verstehen. Darüber, dass Pizimenti statt καινὸν κενὸν gelesen, vgl. Ameilhon a. a. O., p. 313.

Synesios.

Es war nicht meine Absicht, die an den jetzt besprochenen Democrit zunächst sich anschliessenden und in derselben Richtung über Alchemie sich äussernden Schriftsteller in gleich ausführlicher und eingehender Weise zu behandeln. Nicht etwa, dass bestimmtere Kenntniss ihrer Persönlichkeiten oder die grössere Verständlichkeit ihrer Schriften schon an sich Grund dafür abgäbe, die Berichterstattung über sie eine glattere und einfachere sein zu lassen. Gerade für die zunächst nach jenem Democrit hier zu nennenden, im Alter ihm am Nächsten kommenden und dieses höheren Alters wegen uns vorzugsweise interessanten Schriftsteller ist dies nicht der Fall. Aber sofern ihre Schriften in gleichem Geiste gehalten sind, wie die jenes Democrit, und schon aus dem, was das Vorhergehende bezüglich der Physica et mystica des Letzteren brachte, sich genugsam ersehen lässt, wie bestimmt damals der Begriff und die Möglichkeit der Metallveredlung aufgefasst waren und wie undeutlich die Mittel zur Bewirkung der Metallveredlung beschrieben sind, könnte es wohl als zulässig erscheinen, ihre Besprechung etwas kürzer zu halten. — Welche Männer die Verfasser dieser Schriften waren und wann sie lebten: darüber ein Urtheil zu gewinnen ist allerdings für die Geschichte der Chemie von grosser Bedeutung; hängt doch damit, welche Ansicht man sich hierüber bildet, in gewisser Beziehung auch die Beantwortung der Frage zusammen, wie alt mindestens jene Schrift des Democrit sein müsse. Denn die zunächst zu nennenden alchemistischen Schriftsteller lehnen sich an diesen Democrit an, entweder ganz als Commentatoren desselben, oder doch sofern sie ihn als Autorität kennen und nennen. Aber für die Beantwortung dieser Frage finden wir wiederum Widersprüche und Unsicherheit; will man diese darlegen und dabei (was mir gerade für den in diesem Abschnitt zu behandelnden Schriftsteller noch angemessen scheint) von der Art der Abfassung und dem Inhalt der Schriften eine Vorstellung geben, so wird die Besprechung immerhin eine umfangreichere, als beabsichtigt war.

Ein Commentar zu des Democrit Schrift ist uns erhalten, von einem Synesios verfasst. Unter den verschiedenen auf uns gekommenen Commentaren zu jener Schrift wird dieser als der älteste betrachtet. Mit grosser Bestimmtheit findet man auch den Verfasser desselben identificirt mit einer historisch gut festgestellten Persönlichkeit: Synesios von Kyrene soll es gewesen sein, welcher zwischen 360 und 370 geboren war, in Alexandria der Hypatia Unterricht genoss, vom Heidenthum zum Christenthum übergetreten im Jahr 409 oder 410 Bischof von Ptolemais wurde und um 415 gestorben ist; ein fruchtbarer Schriftsteller, dessen uns erhaltene Schriften auch zu den Naturwissenschaften in einiger Beziehung Stehendes enthalten, namentlich für die Geschichte der Astronomie und der Aräometrie Interessantes oder selbst Bedeutendes. Dass dieser Synesios von Kyrene des Democrit alchemistische Schrift commentirt habe, nahmen im 17ten Jahrhundert Morhof[1]) und Lambeck[2]), im 18ten Jahrhundert namentlich Lenglet du Fresnoy[3]), in unserm Jahrhundert Schmieder[4]) an; und auch ich[5]) folgte früher dieser Annahme, für die ausserdem sich Sprengel[6]) günstig aussprach und welche noch

---

[1]) Polyhistor literarius, Pars I, L. I, cap. 11 (p. 106 der Lübecker Ausgabe von 1695).

[2]) Comment. de bibl. caes. vindob. L. VI., ed. Kollarii [Vindob. 1780], p. 395.

[3]) Hist. de la philos. hermét. [à la Haye 1742], T. I, p. 42 u. 462; T. III, p. 306. Auch J. F. Gmelin stimmte dieser Annahme zu; vgl. im Abschnitt „zur Geschichte der Destillation" Anmerk. 20.

[4]) Geschichte der Alchemie [Halle 1832], S. 66.

[5]) Geschichte der Chemie, II. Theil [Braunschweig 1844], S. 153.

[6]) Geschichte d. Arzneykunde, 3. Aufl., Bd. II [Halle 1823], S. 220 f., wie er es auch in der 1. Auflage dieses Werkes, Bd. II [Halle 1793], S. 156 gethan hatte.

Grässe[7]) mindestens als eine zulässige betrachtete. Aber schon 1634 hatte sich Reinesius[8]) dagegen ausgesprochen, dass dieser Synesios als der Verfasser des fraglichen Commentars zu betrachten sei; und dieser Widerspruch hat später ausdrückliche und stillschweigende Zustimmung erhalten. Ameilhon[9]) hat sich gegen jene Annahme als eine ganz unzulässige erklärt; Höfer[10]) lässt die Sache noch dahin gestellt, indem er, ohne specieller auf sie einzugehen, nur ausspricht: es sei schwer zu entscheiden, ob der Verfasser dieses Commentars identisch sei mit dem Bischof von Ptolemais; aber Die aus neuerer Zeit, welche sich den Letzteren zum Gegenstand ihrer besonderen Forschung genommen haben[11]), erwähnen chemischer oder alchemistischer Beschäftigung Desselben gar nicht, selbst wenn, seine Beziehungen zu den Naturwissenschaften zu erörtern, als die speciellere Aufgabe erwählt ist[12]). Und vergebens sucht man in den älteren wie in den neueren Ausgaben der uns zugekommenen Schriften des Synesios von Kyrene[13]) nach

---

[7]) Lehrbuch einer allgemeinen Literärgeschichte — — —, Bd. I, Abth. 2 [Dresden u. Leipzig 1838], S. 1199.

[8]) In seinem Judicium de chemicorum graec. codice Gothano, in Fabricii bibl. graeca Vol. XII [Hamburgi 1724], p. 752.

[9]) Notices et extraits des manuscrits de la bibliothèque nationale — — —, T. VII [Paris, an XIII], 2. partie, p. 222.

[10]) Histoire de la chimie, 1. éd., T. I [Paris 1842], p. 268 wie 2. éd., T. I [Paris 1866], p. 279 (Chevreul vermisste im Journal des savants, année 1845, p. 330 die Angabe der Gründe, wesshalb der Synesios, welcher den Commentar zum Democrit schrieb, und der gleichnamige Bischof von Ptolemais nicht als identisch betrachtet werden sollten). So liess die Frage schon früher auch unentschieden H. Conring (De Hermetica Aegyptiorum vetere et Paracelsicorum nova medicina [Helmestadii 1648], p. 23).

[11]) Wie Druon in seinen Etudes sur la vie et les oeuvres de Synésius [Paris 1859] und Aubé in seinem Aufsatz über Synesios in der Nouvelle biographie générale, T. XLIV [Paris 1865], p. 738 ss. — Clausen de Synesio philosopho [Kopenhagen 1831] ist mir nicht zugänglich.

[12]) Wie von Kolbe in seiner Schrift: Der Bischof Synesius von Cyrene als Physiker und Astronom beurtheilt [Berlin 1850].

[13]) Der Pariser Ausgabe von 1553 z. B., den Ausgaben Petau's 1612 u. 1633 und Migne's 1864. Wohl aber scheint mitunter eine echte Schrift des Synesios von Kyrene in eine Sammlung alchemistischer Schriften aufgenommen worden zu sein. Dies möchte man nämlich wohl daraus schliessen, dass eine handschriftliche Sammlung alchemistischer Abhandlungen, welche sich in der Bibliothek des Escurials findet, nach Miller (Catalogue des manuscrits grecs de la bibliothèque de l'Escurial [Paris 1848], p. 419) auch (f. 221 r⁰

diesem Commentar; vergebens sucht man bei neueren Bibliographen [14]) unter den Angaben über die uns erhaltenen Schriften
des Synesios von Kyrene nach einer, welche sich auf diesen Commentar bezöge; im Gegentheil wurde schon vor einiger Zeit in einer
Geschichte der griechischen Litteratur geradezu es ausgesprochen,
der Verfasser dieses Commentars sei unbekannt und man dürfe
nicht an den Synesios von Kyrene denken [15]).

Dazu, den Synesios von Kyrene als den Verfasser dieser
alchemistischen Schrift zu betrachten, gab gewiss auch hier hauptsächlich Anlass, dass es gleichsam am Nächsten liegt, eine unter
einem gewissen Namen auf uns gekommene Schrift einem gut bekannten Manne desselben Namens beizulegen, wenn nicht ent-
scheidende Gründe dagegen sprechen. Indessen hat man auch po-
sitive Gründe für jene Annahme in den vom Synesios von Kyrene unzweifelhaft herrührenden Schriften zu finden geglaubt:
Stellen nämlich, aus welchen Bekanntschaft mit der Alchemie für
ihn hervorgehe; welche Folgerung indessen keineswegs irgend
sicher ist [16]). Gegen jene Annahme spricht aber nicht nur der Um-

bis 237) enthält: Synesius, sur les songes. Ist das des Synesios von Kyrene
Werk περὶ ἐνυπνίων (in der lateinischen Uebersetzung: de insomniis)? Jener
Handschrift im Escurial findet man da, wo die Handschriften dieses Werkes
von Synesios aufgezählt werden (vgl. Migne's Ausgabe der Schriften des
Synesios von Kyrene [Paris 1864], p. 1031), nicht erwähnt. Jene Handschrift des Escurial ist aus dem 16ten Jahrhundert; sie scheint sonst ziemlich
übereinzustimmen mit einer etwa aus dem 11ten Jahrhundert stammenden
handschriftlichen Sammlung alchemistischer Abhandlungen, welche sich zu
Venedig befand; die letztere Handschrift (über welche u. a. Bernard a. S. 115)
Anmerk. 28 a. O. Mittheilungen gemacht hat) enthält jenen Aufsatz von Synesios über Träume nicht.

[14]) So z. B. S. F. G. Hoffmann, welcher in seinem Lexicon bibliograph.
— — scriptorum graecorum, T. III [Lipsiae 1836], p. 652 sqq. die Ausgaben
der Schriften des Synesios von Kyrene aufzählt und bei welchem auch noch
ein Synesius medicus unterschieden wird.

[15]) Geschichte der griechischen Litteratur — — — von M. S. F. Schoell;
Bd. III (Berlin 1830), S. 445.

[16]) Morhof hat a. S. 145 a. O. die Ansicht des Reinesius, dass der Verfasser
des Commentars zu des Democrit alchemistischer Schrift nicht der Synesios von Kyrene sei, zu widerlegen gesucht, und in Beziehung auf das von
Reinesius Hervorgehobene: in den echten Schriften dieses Synesios finde
man auch da, wo man es erwarten könnte, keine Erwähnung der Person
(Dioskoros), an welche jener Commentar gerichtet, noch eine der chemischen

stand, dass kein der Zeit nach dem Synesios von Kyrene näher stehender Schriftsteller Etwas von alchemistischen Schriften

---

Kunst überhaupt, bemerkt: Non desunt tamen aliqua hujus artis vestigia in
epistolis Synesii, ut in epistola 142. ad Herculaneum, cui quaedam propalata
philosophiae mysteria exprobrat. Wie es scheint ganz hierauf sich stützend
sagt Sprengel a. S. 145 a. O., nachdem er erst ausgesprochen hat: „Selbst der
christliche Sophist Synesius ahnte bei den angeblichen Vorschriften des
Democritus zur wahren Tinctur keine Betrügerei; er suchte, so gut er
konnte, die mystischen Räthsel dieses Democritus aufzulösen", dann noch:
„Dass der Verfasser desselben [Commentars] wirklich jener christliche Sophist
ist, kann man aus einer ähnlichen Stelle seines Briefes an den Herculian
(ep. 142, p. 279) schliessen, wo er von Geheimnissen der Kunst spricht, die
man nicht mittheilen dürfe. Vgl. Morhof polyhist. liter. lib. I. c. 8. p. 114
(Lubec. 1708)" (die eben angeführte Stelle). Und eine nicht weniger unsichere
Stütze für die Annahme der Identität hinzufügend sagt Grässe a. a. O.:
„Ferner" [gehöre zu den alchemistischen Schriften] „der dem oben angeführten Bischoff Synesius (sonderbar ist es, dass er de isomn. p. 154 eine zu
Memphis gefundene Tafel beschreibt, deren Inschrift allerdings von der Art
ist, dass man glauben könnte, er habe an Alchemie geglaubt. Letzteres lässt
sich aus s. Ep. ad Herculian. p. 279 abnehmen, wo er von Geheimnissen der
Kunst spricht, die man nicht mittheilen dürfe) zugeschriebene (cf. Lenglet du
Fr. p. 40 sq. Schmieder 66 sq.) Commentar zu des vorhergehenden Democritus Werke". Auch Schmieder (Geschichte der Alchemie [Halle 1832],
S. 67) spricht mit grosser Bestimmtheit davon, dass in dem uns hier beschäftigenden alchemistischen Commentar wiederholt auf den Schluss der Memphitischen Tafel angespielt sei, „welche er" [Synesios] „in einem anderen
Werke mitgetheilt hat, worin unter der Aufschrift: Von Träumen, Manches
von den Lehren der Aegypter vorkommt".
    Ich habe in Beziehung auf diese Angaben Einiges zu bemerken, und will
vorausschicken, dass, wo es sich um Bezugnahme auf Schriften des Synesios
von Kyrene handelt, ich den Abdruck der Petau'schen Ausgabe derselben
(von 1633?) in Migne's Patrologiae graecae T. LXVI. (Synesii Episcopi Cyre-
nes opera — —, editore et interprete D. Petavio — —, accurante et recogno-
scente J. P. Migne; Lutetiae Parisiorum 1864) benutze, welcher auch die Paginirung jener Ausgabe hat. — Ich will Morhof nicht in seinem Widerspruch gegen Reinesius durch die Bemerkung unterstützen, dass der Name
der Person, an welche der fragliche Commentar gerichtet ist, allerdings in
des Synesios von Kyrene Werken vorkommt: in dem an Theophilos geschriebenen LXVII. Briefe nämlich (p. 214 der Petau'schen Ausgabe, p. 1424
des Migne'schen Abdrucks); denn ὁ εὐλαβέστατος ἐπίσκοπος Διόσκορος, von
welchem hier die Rede ist, war gewiss ein Anderer, als der Dioskoros, an
welchen jener Commentar gerichtet war (vgl. S. 151). Vielmehr will ich gegen
Morhof, Sprengel und Grässe bemerken, dass der an Herculian geschriebene CXLII. Brief (p. 279 der Petau'schen Ausgabe, p. 1536 des
Migne'schen Ausdrucks) zwar allerdings ernstlichen Vorhalt wegen unvor-
sichtiger Besprechung von Gegenständen, die als Geheimnisse zu betrachten

desselben weiss, so Viele auch sich über seine wissenschaftliche
Thätigkeit geäussert haben[17]), sondern namentlich auch, dass nach
dem Urtheil eines competenten Sprachkenners die Schreibart des
Synesios von Kyrene mit der des Verfassers des Commentars zu
des Democrit alchemistischer Schrift Nichts gemein hat[18]). Aus

seien, enthält, aber schlechterdings Nichts,'was dazu veranlassen könnte, unter
diesen Geheimnissen andere zu vermuthen, als die der damaligen Philosophie. — Die Bezugnahme Schmieder's und Grässe's auf eine angebliche
Besprechung der s. g. Memphitischen Tafel durch den Synesios von Kyrene
ist mir unerklärlich. Diese Besprechung soll in der Schrift περὶ ἐνυπνίων o.
de insomniis, p. 154 (der Petau'schen Ausgabe?) stehen; aber weder hier,
noch in der ganzen Schrift finde ich sie (ebensowenig eine Erwähnung derselben in den erklärenden Bemerkungen zu dieser Schrift, welche Nikephoros Gregoras geschrieben hat und die in die Pariser Ausgabe der Werke
des Synesios von 1553 mit aufgenommen sind), und auch nicht in einem anderen der Werke des Synesios, für welche ich mich, bei dem Umfange derselben, allerdings mit einer nur flüchtigen Durchsicht begnügen musste. Ich
habe noch nicht herausgebracht, auf was Schmieder's Angabe und Grässe's
Citat beruhen. Ich will übrigens hier, wo mir ohnehin wiederum die Anmerkungen stark überschüssig im Verhältniss zum Text zu werden drohen,
auf die Memphitische Tafel weiter nicht eingehen; es findet sich wohl sonst
noch einmal ein Anlass, die mir darüber gemachten Aufzeichnungen zusammenzustellen.

[17]) Die sich in früherer Zeit mit dem Synesios vom Standpunkte der Geschichte der Philosophie, der Litterar- und Kirchengeschichte abgegeben haben,
erwähnen Desselben als eines Naturkundigen oder alchemistischen Schriftstellers schlechthin gar nicht. Nichts auch nur mit einiger Sicherheit auf Alchemie oder den Commentar zu des Democrit Schrift Hindeutendes findet
sich in den Besprechungen des Synesios von Kyrene Seitens solcher Früherer. In Krabinger's Synesii Cyrenaei orationes et homiliarum fragmenta
[Landishuti 1850], p. XXXVII sqq. findet man zusammengestellt, was über diesen
Synesios Evagrios Scholastikos (Eccl. hist.) im 6ten Jahrhundert, Photios (Biblioth.) im 9ten Jahrhundert, Suidas (Lexic.) am Ende des 10ten Jahrhunderts, Theodoros Metochites (Miscell. phil. et histor.) um 1300, Nikephoros Kallistos (Hist. eccl.) in der ersten Hälfte des 14ten Jahrhunderts
gesagt haben. Als besonders beachtenswerth erscheint mir, dass Suidas von
einer alchemistischen Schrift dieses Synesios Nichts weiss, obgleich Derselbe
wusste, was man unter Chemie verstehe, und bei der Besprechung Anderer
die Erwähnung ihrer chemischen Schriften nicht unterlässt.

[18]) Ameilhon a. S. 146 a. O. bei Besprechung des uns beschäftigenden Commentars zu des Democrit alchemistischer Schrift, nach vorgängiger Erwähnung
der Vorzüge des Synesios von Kyrene, wie sie in seinen Werken hervor-
treten: Il ne faut que rapprocher de ses oeuvres l'écrit qui va nous occuper,
pour se convaincre qu'ils ne viennent pas de la même main. Le style, et les
traits d'ignorance qui se font remarquer dans le commentaire de Démocrite,

diesen Gründen ist es auch mir jetzt überwiegend wahrscheinlich,
dass der Verfasser des fraglichen Commentars *nicht* der Synesios von Kyrene war; aber alle Anhaltspunkte fehlen, ihn etwa
mit einem anderen unter Denen, welche Synesios liessen und
uns, bekannt geworden sind[19]), für identisch halten oder für ihn,
was seine Persönlichkeit betrifft, eine Vermuthung aufstellen zu
wollen.

Der Commentar des Synesios zu des Democrit alchemistischer Schrift ist in zahlreichen Handschriften vorkommend[20])
meistens zusammen mit dieser Schrift selbst[21]) und anderen
Commentaren zu derselben und verschiedenen alchemistischen
Tractaten. Ausführlichere Nachrichten hat man über vier Pariser
Handschriften durch Ameilhon[22]), über eine Wiener durch Lambeck[23]); gedruckt[24]) ist der griechische Text dieses Commentars
nach einer von einer Pariser Handschrift genommenen Copie, welche
Handschrift indessen von den vier durch Ameilhon besprochenen
verschieden gewesen sein muss, die auch wieder unter einander

décèlent un auteur qui ne peut avoir rien de commun avec un aussi savant
homme que l'évêque de Cyrène.

19) Ueber Verschiedene dieses Namens findet man in Fabricii Bibliotheca
graeca ed. Harles, Vol. IX [Hamburgi 1804], p. 204 sq. Einiges zusammengestellt.
Ein Synesius Abbas wird als späterer alchemistischer Schriftsteller von dem
oben Besprochenen unterschieden in Schmieder's Geschichte der Alchemie
[Halle 1832], S. 79; was als alchemistischer Tractat Desselben in französischer
und deutscher Uebersetzung veröffentlicht worden (vgl. Borellii Biblioth. Chym.
sive Catalog. libr. philos. hermet. [Parisiis 1654], p. 212 und Schmieder's
Gesch. d. Alchemie a. c. a. O.), ist nur eine durch Verstümmelungen und Zusätze verdorbene Ausgabe des uns oben beschäftigenden Commentars nach
Lambeck (Comment. de bibl. caes. vindob. L. VI., ed. Kollarii [Vindob. 1780],
p. 394 sq.).

20) Eine Aufzählung ihn enthaltender Handschriften gab Harles (Fabricii Bibl. graec. ed. Harles, Vol. IX [Hamburgi 1804], p. 206); sie ist unvollständig.

21) Wesshalb das S. 131 f., Anmerk. 53 bezüglich der diese Schrift enthaltenden Handschriften Angegebene auch hier zu berücksichtigen ist.

22) Notices et extraits des manuscrits de la bibliothèque nationale — — —,
T. VII [Paris, an XII], 2. partie, p. 222.

23) Lambecii Comment. de biblioth. caes. vindobon. L. VI., ed. Kollarii
[Vindob. 1780], p. 392.

24) In Fabricii Bibl. graeca, Vol. VIII [Hamburgi 1717], p. 233 sqq.

immerhin erhebliche Abweichungen bieten[25]). Veröffentlicht ist
eine lateinische Uebersetzung dieses Commentars durch Pizimenti, zusammen mit Dessen Uebersetzung der commentirten
Schrift des Democrit (vgl. S. 110 u. 137) und auch an Fehlerhaftigkeit der letzteren Uebersetzung sich an die Seite stellend; und
auch zusammen mit dem griechischen Texte, von welchem sie oft
erheblich abweicht[26]), ist diese nämliche lateinische Uebersetzung
gedruckt worden[27]). Eine andere, wie es scheint bessere, lateinische Uebersetzung, über deren Urheber und Zeit der Abfassung
Nichts bekannt ist, bewahrt in Handschrift die kaiserl. Bibliothek
zu Wien[28]). Indessen gewährt auch jene Uebersetzung des Pizimenti, namentlich zusammen mit dem gedruckt vorliegenden
griechischen Texte, ganz die Mittel, den Charakter dieses Commentars erfassen zu lassen[29]).

Der Commentar ist gerichtet an einen Dioskoros, einen
Priester des grossen Serapis zu Alexandria. Der Titel ist: Συνεσίου φιλοσόφου πρὸς Διόσκορον, εἰς βιβλίον Δημοκρίτου, ὡς ἐν

---

[25]) Nach Ameilhon a. a. O., p. 230.

[26]) Wie Ameilhon a. a. O., p. 230 hervorgehoben hat.

[27]) In Fabricii Bibl. gr. a. e. a. O.

[28]) Lambeck giebt a. c. a. O., p. 393 den Anfang dieser Uebersetzung.
Eine Abschrift derselben hat die Bibliothek zu Gotha (Jacobs u. Ukert's
Beiträge zur ältern Litteratur o. Merkwürdigkeiten der herzogl. Bibliothek
zu Gotha, Bd. I, Hft. 2 [Leipzig 1835], S. 219. Griechisch und lateinisch hat
auch diese Schrift des Synesios ein Manuscript der Bibliothek zu Wolfenbüttel (Jac. Tollii Epistolae itinerariae, ed. II. C. Henninii [Amstelaedami 1700],
p. 8; Bibliothecae Guelferbytanae codices graeci et latini classici, rec. F. A.
Ebert [Lipsiae 1827], p. 45 sq.). — Giebt es auch Uebersetzungen in's Eng-
lische und in's Deutsche? Wo Fabricius (Bibl. gr. Vol. XII, p. 769) der
lateinischen Uebersetzung des Pizimenti erwähnt, fügt er bei: Ejusdem
argumenti scriptum Synesianum ex codice bibl. caesarea versum anglice exstat ad calcem Basilii Valentini in anglicam conversi linguam Lond. 1678 et
germanice curante Frid. Rothscholzio Altdorf 1718. Ich kann beide hier citirte Schriften nicht nachsehen.

[29]) Für Den, welcher wirklich den Einzelnheiten dieses Commentars seine
Aufmerksamkeit zuwenden wollte, ist die Beachtung dessen, was Ameilhon
a. a. O. (namentlich p. 233) bezüglich mehrfacher Irrthümer und Verwechselungen
alchemistischer Zeichen in dem griechischen Texte, wie ihn Fabricius gab,
und ähnlicher Fehler in des Pizimenti Uebersetzung erinnert hat, unerläss-
lich.

σχολίοις³⁰); die Zuschrift: Διοσκόρῳ ἱερεῖ τοῦ μεγάλου Σαραπίδος τοῦ ἐν Ἀλεξανδρείᾳ, θεοῦ τε συνευδοκοῦντος, Συνέσιος φιλόσοφος χαίρειν. (Synesii philosophi, ad Dioscorum, in librum Democriti, scholia. Dioscoro sacerdoti magni Serapidis in Alexandria, Deo favente, Synesius philosophus S. P. D. hat des Pizimenti, Dioscoro sacerdoti magni Serapidis Alexandriae, eodem Deo comprobante, Synesius philosophus salutem die in der Wiener Bibliothek befindliche Uebersetzung.) — Der Commentar ist an den Dioskoros gerichtet als eine Antwort auf einen Brief des Letzteren, welcher Anfragen bezüglich der Schrift des Democrit enthielt, und Synesios hebt zunächst hervor, welche Mühe er sich gegeben habe, dem Wunsche des Dioskoros zu genügen. Er äussert sich nun zunächst darüber, wer der Democrit, der Verfasser dieser Schrift, gewesen sei, und zwar in solcher Weise, wie bereits S. 109 f. angegeben ist. Dann wendet er sich dazu, den Inhalt der Schrift des Democrit in einer Weise zu erörtern, welche eine erklärende sein soll, und zwar geschieht dies so, dass nach begonnener Besprechung Dioskoros eine Bemerkung oder Frage aufwerfend eingeführt wird, auf welche Synesios antwortet, so dass von nun an die Besprechung in der Form eines Dialoges weiter geht.

Die Handschrift der Physica et mystica des Democrit, welche dieser Besprechung des Synesios zu Grunde lag, hatte, wie schon S. 120, Anmerk. 38 bemerkt wurde, den Bericht über die Erscheinung des Lehrers des Democrit — als dessen Lehrer aber hier Ostanes genannt wird — nicht. Sie hat wohl gleichen Anfang mit der Handschrift der Physica et mystica gehabt, nach welcher Pizimenti seine Uebersetzung dieser Schrift des Democrit anfertigte³¹). Wenn die Handschrift der Physica et mystica, welche

---

³⁰) Als Titel des Commentars hat eine, in der ungefähr aus dem 11ten Jahrhundert stammenden Handschrift der Marcus-Bibliothek in Venedig stehende Inhaltsangabe nach d'Orville's Abschrift: Συνεσίου φιλοσόφου πρὸς Διόσκορον (εἰς τὴν βίβλον Δημοκρίτου ὡς ἐν σχολείοις) διάλεξις περὶ τῆς τοῦ θείου Δημοκρίτου βίβλου (Palladii de febribus concisa synopsis graece et latine cum notis J. S. Bernard; accedunt glossae chemicae — —[Lugduni Batavorum 1745], p. 115).

³¹) welche S. 137 ff. abgedruckt ist. Denn im Anfang dieser Uebersetzung spricht Democrit: Ego autem venio in Aegyptum naturalia ferens, ut mate

des **Synesios** Commentar zu Grunde lag, jenen Eingangs-Abschnitt der Pariser Handschriften nicht hatte, so muss sie andererseits eine ganze Anzahl von Stellen enthalten haben, welche dem wesentlich alchemistischen Theile jenes Tractats in der Form, in welcher er auf uns gekommen ist, fehlen; darauf hat zuerst **Ameilhon**[32]) aufmerksam gemacht, und man überzeugt sich davon leicht durch die Vergleichung des Commentars und der darin als der zu commentirenden Schrift entnommen hervorgehobenen Stellen mit der letzteren, wie diese in des **Pizimenti** Uebersetzung vorliegt.

Der Commentar des **Synesios** stellt sich, was Unverständlichkeit des Inhalts betrifft, der Schrift des **Democrit** mindestens zur Seite; er bringt fast noch mehr Unverständlichkeit hinzu, durch das Bestreben, in dem von **Democrit** Gesagten, in fast jeder von ihm genannten Substanz einen besonders tiefen Sinn und besondere geheimnissvolle Beziehungen zu finden. *Colligite Rha ponticum*; zu dieser Vorschrift des **Democrit** bemerkt z. B. **Synesios** (nach des **Pizimenti** Uebersetzung): Attende quam magna fuerit viri prudentia, ab herbis exorsus est ut florem comminisceretur, herbae autem floridae sunt. Dixit vero Rha ponticum, quod quemadmodum a ponto defluunt flumina, omnia quoque flumina in ipsum labuntur. Palam ergo nobis faciens significat conversionem in aquam, nigredinem, et corporum i. e. substantiarum attenuationem. **Dioskoros** (welcher in dem Zwiegespräch übrigens manchmal der Zerstreutheit geziehen und zur Aufmerksamkeit und Anstrengung seiner Geisteskräfte ermahnt wird) muss mit ganz besonderen Anlagen oder mit einer ganz anderen Vorbildung, als die unsrige ist, ausgerüstet gewesen sein, um aus des **Synesios** Mittheilungen so viel Vortheil ziehen zu können, als er dies freudig bekennt. Denn keine sachliche Erklärung, keine Verdeutlichung eines uns räthselhaften Wortes findet

---

riam superfluam et confusam contemnatis. Und in des **Synesios** Commentar sagt **Synesios** (Fabricii Bibl. gr. Vol. VIII [Hamburgi 1717], p. 236) nach des **Pizimenti** Uebersetzung: Attende vero, quidnam in libelli initio (ἐν τῇ εἰϲβολῇ τῆϲ βίβλου) dixit: Venio ego etiam in Aegyptum naturalia ferens, ut rerum sylvam contemnatis.

[32]) A. o. a. O., p. 226. Vgl. S. 120, Anmerk. 38.

sich; im Gegentheil eher Verundeutlichung. Was das Rha ponticum und die Anagallis sein sollen, was das als Quecksilber, als Schwefel, als Zinnober, als Magnesia, als Chrysocolla, als Hundsmilch u. a. Bezeichnete bedeutet, bleibt uns ganz dunkel[33]); aber bestimmte Anzeichen finden sich, dass sie das sonst darunter Verstandene *nicht* bedeuten sollen[34]). — Aber um was es sich im Ganzen und Grossen handelt, ist uns auch hier wieder klar genug:

---

[33]) In den, auf ziemlich vielen Bibliotheken bewahrten handschriftlichen Sammlungen alchemistischer Schriften finden sich auch noch der Zeit, wo über Alchemie in griechischer Sprache geschrieben wurde, angehörige Wörterbücher, welche die Bedeutung der Kunstausdrücke angeben sollen. Was sie uns kennen lehren, ist indessen nur sehr unerheblich und oft nur die Unverständlichkeit vergrössernd. Man wird, um für einen der oben erwähnten Kunstausdrücke ein Beispiel zu geben, nicht klüger, wenn man zur Erkenntniss, was die s. g. Hundsmilch sein möge, in einem solchen Wörterbuch nachschlägt, und findet: „Die Milch eines jeden Thieres ist der Schwefel" (*Γάλα ἑκάστου ζῴου ἐστὶ θεῖον*); denn was „der Schwefel" sei, bleibt sehr ungewiss, sofern man bei *θεῖον* belehrt wird, dass dieses Wort mehr als ein Dutzend der allerverschiedensten Bedeutungen habe. — Die in den verschiedenen Handschriften enthaltenen Wörterbücher scheinen Vieles gemeinsam, eine und dieselbe ursprüngliche Grundlage zu haben. Viele in ihnen enthaltene s. g. Erklärungen hat Du Cange in sein Glossarium ad scriptores mediae et infimae graecitatis aufgenommen. Vollständig veröffentlicht ist eines aus einer Handschrift der Markus-Bibliothek zu Venedig, nach einer von d'Orville genommenen Abschrift, im Anhang zu Bernard's Ausgabe des Palladios Schrift von den Fiebern (Palladii de febribus concisa synopsis, graece et latine, cum notis J. S. Bernard — [Lugduni Batavorum, 1745]; p. 120—148 steht dieses *Λεξικὸν κατὰ στοιχεῖον τῆς χρυσοποιΐας*). Ueber ein in Handschriften der Pariser Bibliothek erhaltenes *Λεξικὸν καταστοιχεῖον τῆς ἱερᾶς τέχνης* gab Ameilhon (Notices et extraits des manuscrits — — de la bibliothèque nationale, T. V [Paris, an VII], p. 374) Nachrichten. Manches aus solchen Wörterbüchern hat Höfer in seiner Histoire de la chimie (1. éd., T. 1 [Paris 1842], p. 251; 2. éd., T. 1 [Paris 1866], p. 256) mitgetheilt (hier auch die Angabe, dass ein solches Wörterbuch in einer Pariser Handschrift die Ueberschrift hat: *Λεξικὸν κατὰ ἀλφάβητον μεταλλευτικὸν τῶν ὀνομάτων τῆς θείας καὶ ἱερᾶς τέχνης*). Ich gebe vielleicht später vollständigere bibliographische Mittheilungen bezüglich solcher Wörterbücher.

[34]) Man kann desshalb auch nicht wohl so einfach, wie Ameilhon es (a. S. 150 a. O., p. 224) that, sagen: Le mercure, la magnésie, la chrysocolle et autres substances minérales, jouent un grand rôle dans la composition de l'or; oder wie Sprengel (Geschichte der Arzneykunde, 1. Aufl., Bd. II, S. 156 oder 3. Aufl., Bd. II, S. 220): „dass man damals schon auf die Fixation des Quecksilbers besondere Hoffnung baute, und zum grossen Process auch Magnesia und Arsenik brauchte".

um die künstliche Anfertigung von Gold und Silber. Dass Democrit zweierlei gelehrt habe: weiss und gelb zu färben, sei klar
(ὅτι μὲν οὖν δύο καταλόγους ἐποιήσατο, δῆλον ἡμῖν γέγονεν· λευ-
κοῦ γὰρ καὶ ξανθοῦ κατάλογον ἐποιήσατο). Synesios sagt später
nochmals: des Democrit Weisheit sei zu bewundern, da er die
zweierlei Angaben, zur Darstellung des Goldes und des Silbers,
gemacht habe, und zweierlei Flüssigkeiten, eine für Gelb und eine
für Weiss, das bedeute für Gold und für Silber, und das Eine sei bei
ihm als Goldbereitungskunst und das Andere als Silberbereitungs-
kunst benannt; und auf eine Anfrage des Dioskoros erfahren
wir auch, dass die Silberbereitung der Goldbereitung voraus ge-
hen müsse, von Democrit aber die Goldbereitung desshalb vor
der Silberbereitung besprochen worden sei, weil das Gold höher
geschätzt werde als das Silber[35]. Das Gelbfärben und das Weiss-
färben, ξάνθωσις und λεύκωσις, kommen in dem Commentar öfters
in einer auf die Bereitung von Gold und Silber zu deutenden
Weise vor; manchmal aber auch so, dass eine andere Deutung
wohl als die richtigere erscheinen möchte[36]. Wiederholt wird
darauf Bezug genommen, dass gewisse Substanzen Etwas geben,
was nach Democrit das Mittel zum Goldmachen sei[37]. Vor
Allem sei für die Bereitung des Goldes und Silbers wichtig Etwas als Quecksilber Benanntes: für das Rothe, d. i. das Gold, das
Quecksilber aus dem Zinnober, und für das Weisse, d. i. das Silber,

---

[35]) Als Beispiel zur Verdeutlichung, wie Synesios (Σ.) und Dioskoros
(Δ.) sich unterhaltend gedacht sind, mag gerade dieses Stück des Commentars
(Fabr. Bibl. gr. Vol. VIII, p. 238) hier stehen: Σ. Καὶ ἵνα θαυμάσῃς τὴν τοῦ
ἀνδρὸς σοφίαν, βλέπε πῶς δύο καταλόγους ἐποιήσατο, ☉ ποιίας καὶ ☽ ποιίας,
καὶ πάλιν δύο ζωμοὺς, τὸν μὲν ἕνα ἐν τῷ ξανθῷ. τὸν δὲ ἕτερον ἐν τῷ λευκῷ,
τουτέστι ☉ καὶ ☽, καὶ ἐκάλεσε τὸν τοῦ ☉ κατάλογον χρυσοποιίαν, τῆς ☽ ἀρ-
γυροποιίαν. Δ. Πάνυ καλῶς ἔφης, ὦ Σύνεσι φιλόσοφε, καὶ ποῖον πρῶτόν ἐστι
τῆς τέχνης, τὸ λευκᾶναι ἢ τὸ ξανθῶσαι; Σ. Μᾶλλον τὸ λευκᾶναι. Δ. Καὶ διὰ
τί τὴν ξάνθωσιν εἶπε πρῶτον; Σ. Ἐπειδὴ προτετίμηται ☉ τοῦ ☽. Dass ☉
Gold und ☽ Silber bedeutet, ist bekannt.

[36]) Z. B. a. c. a. O., p. 235 in der Stelle: Ἡ γὰρ λεύκωσις κατσίς ἐστι, καὶ ἡ ξάνθωσις ἀναζωπύρωσις (Pizimenti übersetzte: Dealbatio est combustio, et citri-
natio a mortuis excitari), wo man versucht sein könnte, an Verkalkung durch
Feuer und Reduction zu denken.

[37]) A. c. a. O., p. 236 u. 238; als Worte des Democrit werden angeführt:
αὕτη ἡ ὕλη τῆς χρυσοποιίας.

das Quecksilber aus dem Arsenik oder Sandarach [38]). Für diese
Lehren wird Democrit ausdrücklich als Autorität genannt; Hermes aber — da [39]), wo besprochen wird, dass das als Quecksilber Benannte verschiedenartig sein könne und doch Eines — als Der, von
welchem (als zu dem s. g. Quecksilber in Beziehung stehend)
unterschieden werde ein weisses und ein gelbes Präparat [40]). Es
scheint das als Quecksilber Benannte als das Princip der Färbung
betrachtet zu sein, daran erinnernd, wie später die Alchemisten
in den Metallen die Färbung derselben bedingende Principien an-
nahmen; und an Ansichten, welche sich noch viele Jahrhunderte
später in Geltung finden, erinnert auch die Erörterung [41]), dass die
Kunst nicht die Materie, sondern die Form, in welcher die Materie
erscheint, verändere. Auch an des Aristoteles Lehre von den
vier Elementen Erinnerndes hat dieser Commentar [42]), bezüglich
dessen Inhalt in noch mehr Einzelnheiten einzugehen ich aber hier
unterlassen will. Weitaus überwiegend ist in ihm das Unverständliche und Räthselhafte und die Bezugnahme auf uns Dunkles [43]),
spärlich das Deutliche; zum letzteren gehört ein wichtiges Zeugniss für die Kenntniss eines etwas vervollkommneteren Destilla-
tionsapparates; ich komme hierauf in einem späteren Abschnitt
zurück, in welchem ich die Entwicklung der Kunst, zu destilliren,
bespreche.

Aus welcher Zeit stammt dieser Commentar? Diese Frage

---

[38]) A. e. a. O., p. 238 sq.

[39]) A. e. a. O., p. 239.

[40]) Τὸ κήριον τὸ λευκὸν, καὶ τὸ κήριον τὸ ξανθόν. Im griechischen Texte
selbst ist das Wort κήριον mit κηρός, Wachs, in Zusammenhang gebracht;
aber es erinnert auch stark an den Kunstausdruck ξήριον; vgl. eine Anmerkung (201) am Ende des Abschnittes über Zosimos.

[41]) A. e. a. O., p. 240.

[42]) A. e. a. O., p. 239 sq.

[43]) Hierzu rechne ich namentlich auch die öftere (Fabricii Bibl. graeca,
Vol. VIII, p. 235, 236, 246) Bezugnahme auf einen Ausspruch, welchen Democrit gethan habe: Ἐὰν ἦς νοήμων, καὶ ποιήσης ὡς γέγραπται, ἔση μακά-
ριος (si prudens eris et facies, ut scriptum est, eris beatus, übersetzte Pizimenti). Man hat darin (Schmieder's Geschichte der Alchemie [Halle 1832],
S. 67) eine Anspielung auf den Schluss der s. g. Memphitischen Tafel sehen
wollen (vgl. S. 148 f., Anm. 16); aber es liegt dafür kein genügender Grund vor.

hat an sich Wichtigkeit und, wie schon bemerkt, namentlich auch
in ihrer Beziehung darauf, welches Alter der commentirten Schrift
des Democrit beizulegen sei. Danach, wie Synesios auf diesen
Democrit hinblickt, bezüglich seiner Persönlichkeit schlecht unterrichtet ist, in Allem von ihm Gesagten wunderbar Tiefes vermuthet, möchte man glauben, ein längerer Zeitraum trenne Beide;
andererseits meint Schmieder[44]) darauf hin, dass Synesios die
Kunstausdrücke des Democrit zu kennen und zu verstehen
scheine, muthmassen zu dürfen, dass der Verfasser der Physica et
Mystica in der Zeit nur Ein Jahrhundert, oder zwei, nicht aber
acht über dem Commentator stehe. Wenn Ameilhon es für
möglich hält, dass der Commentar im 9ten oder spätestens 12ten
Jahrhundert geschrieben sei, so schliesst er doch auch ausdrücklich die Möglichkeit nicht aus, dass derselbe älter sein könne[45]).
Dass dies der Fall sei, dass dieser Commentar aus dem 4ten Jahrhundert wenn nicht aus einem früheren stamme, ist daraus zu
schliessen[46]), dass er an einen Priester des grossen Serapis zu
Alexandria gerichtet ist; wenn man nicht den ganzen Commentar,
sammt der Zuschrift an diesen Priester Dioskoros, für eine Fälschung späterer Zeit halten will. Denn dem Serapis-Cultus wurde
zu Alexandria durch den Patriarchen Theophilos um 390 durch
Verbrennung des Serapis-Tempels ein Ende gemacht, und durch
Theodosios den Grossen um diese Zeit überhaupt, was noch von
Ausübung der ägyptischen Religion sich erhalten hatte, unter-
drückt. Anderes, aus was sich die Zeit der Abfassung dieses
Commentars erschliessen liesse, finde ich in ihm nicht; namentlich

---

44) Geschichte der Alchemie [Halle 1832], S. 67.

45) A. S. 150 a. O., p. 226: Der Destillationsapparat sei also so alt, wie dieser
Commentar: c'est à dire, qu'il seroit du neuvième siècle ou au moins du douz-
ième, supposé qu'on ne pût faire remonter ce commentaire à une époque plus
reculée. An einer andern Stelle (p. 228) hebt Ameilhon hervor, dass ausser
Ostanes, Democrit und einem Pibechios (vgl. Anm. 47) kein anderer
Alchemist in diesem Commentar citirt werde, mit der Bemerkung: ce qui dé-
pose en faveur de l'antiquité de ce traité, relativement aux autres ouvrages
de son espèce.

46) Auf was schon Borrichius (Hermetis, Aegyptiorum et chemicorum
sapientia — — [Hafniae 1674], p. 71) und Morhof (Polyhistor literarius, P. I
[Lubecae 1695], p. 106) aufmerksam gemacht hatten.

nicht eine Erwähnung einer Persönlichkeit, deren Zeit besser festgestellt wäre, so dass man nach Einer Richtung hin mindestens
über das Alter jenes Commentars urtheilen könnte[47]). Dass er

---

[47]) Ausser Democrit (in der Meinung, dass es der von Abdera gewesen
sei; vgl. S. 109 f.) und Ostanes (welcher zuerst die Lehre geschrieben habe:
die Natur erfreue sich der Natur u. s. w.; vgl. S. 129, Anm. 51) werden in diesem
Commentar als Autoritäten noch erwähnt Hermes (Fabricii Bibl. gr. Vol. VIII,
p. 239; Mercurius in des Pizimenti Uebersetzung) und Einer, welcher in Einer
Pariser Handschrift (Ameilhon a. S. 150 a. O., p. 228) und in dem von Fabricius (Bibl. gr. Vol. VIII, p. 240) veröffentlichten Texte 'Επιβήχιος, in drei Pariser
Handschriften (Ameilhon a. e. a. O.) Πιβήχιος und in des Pizimenti Uebersetzung Pibichius genannt wird. Ameilhon vermuthet, Πιβήχιος möge die
bessere Lesart sein, Fabricius betrachtet die bezügliche Stelle als corrupt.
Dafür, dass 'Επιβήχιος der Name dieser alchemistischen Autorität sei, von
welcher uns Nichts erhalten ist, spricht, dass in einer Schrift des Zosimos,
·welche sich in der Ueberschrift als eine echte bezeichnet (Ζωσίμου τοῦ Ἡερο-
πολίτου γνησία γραφὴ περὶ τῆς ἱερᾶς καὶ θείας τέχνης τῆς τοῦ χρυσοῦ καὶ ἀργύρου ποιήσεως), Epibechios citirt wird (Fabricii Bibl. gr. Vol. XII [Ham-
burgi 1724], p. 762); anscheinend auch noch in einem anderen Fragmente des
Zosimos (vgl. daselbst, 770). Πιβήχιος kommt andererseits in einer Aufzählung der alchemistischen Autoritäten vor, wie sie in einer etwa aus
dem elften Jahrhundert stammenden Handschrift der Marcus-Bibliothek zu
Venedig findet; Bernard hat dieselbe (im Anhang zu seiner Ausgabe der
Schrift des Palladios von den Fiebern [Leyden 1745], p. 117) mitgetheilt.
Auch bei Reinesius (Variae lectiones [Altenburgi 1640], p. 155) wird Pebecchius da genannt, wo besprochen wird, dass die Meisten unter den ältesten
Lehrern der Alchemie Aegypter gewesen seien; in der, auch von Reinesius
durchgegangenen Altenburger o. Gothaer Handschrift steht aber nach Ja-
cobs (Beiträge zur ältern Litteratur oder Merkwürdigkeiten der herzogl.
Bibliothek zu Gotha, Bd. I, Hft. 2 [Leipzig 1835], p. 219) in einer Aufzählung
der alchemistischen Autoritäten 'Επιβόχιος (Reinesius habe dazu notirt,
wahrscheinlicher müsse man Πιβήχιος lesen); Gruner (Isidis, Christiani et
Pappi philosophi jusjurandum chemicum [Jenae 1807], p. 26) hatte gelesen
'Επιβήχιος, aber Πιβήχιος für die richtigere Lesart gehalten. Auch von
Borrichius (De ortu et progressu chemiae [Hafniae 1668], p. 97) wird 'Επιβόχιος wie in einer älteren Aufzählung alchemistischer Schriftsteller vor·
kommend genannt; und so steht der Namen auch in der Aufzählung der alchemistischen Autoritäten, welche aus einer Pariser Handschrift Du Cange
(Glossarium ad scriptores mediae et infimae graecitatis, T. I [Lugduni 1688],
p. 1192) und nach ihm auch Fabricius (Bibl. gr. Vol. XII, p. 775 sq.) mitgetheilt hat. Als in einer Pariser Handschrift enthalten wird in dem Manu-
scripten-Catalog der Pariser Bibliothek (Catalogus codicum manuscriptorum
bibliothecae regiae, T. II [Parisiis 1740], p. 470) eine Aufzählung der alchemistischen Autoritäten angegeben, und unter diesen auch Pebecchius als vorkommend; Pebecchius ou Epibuchius wird darauf hin als in dieser Auf-

etwa dem 4ten Jahrhundert, und keinem späteren, zuzuschreiben sei, wird auch dadurch unterstützt, dass Zosimos bereits ihn gekannt und citirt hat[48]) und auch Olympiodoros seiner häufig gedenkt[49]); diese beiden aber setzt man in das 4te oder höchstens in das 5te Jahrhundert. Uebrigens gehört Synesios nicht zu den häufiger citirten alchemistischen Autoritäten jener frühen Zeit[50]),

zählung genannt von Lenglet du Fresnoy (Histoire de la philosophie hermétique [à la Haye 1742], T. III, p. 11) angegeben. 'Επιβόχιος ist der Name in einer solchen Aufzählung in Labbé's Nova bibliotheca mss. librorum [Parisiis 1653], p. 129 gedruckt. — Merkwürdig ist, dass von S. Wagnereck (gegen die Mitte des 17ten Jahrhunderts, in einem Brief an Alex. Barvoet. welcher in Dessen Katalog über die nicht herausgegebenen griechischen Manuscripte der Escurial-Bibliothek mitgetheilt und u. a. in Miller's Catalogue des manuscrits grecs de la bibliothèque de l'Escurial [Paris 1848] abgedruckt ist; am letzteren Orte p. 517) 'Επιβύχιος in einer Aufzählung von Schriftstellern aufgeführt wird, von welchen sich Schriften in den Manuscripten der Münchener Bibliothek finden, und dass (wohl auf diese Angabe des Wagnereck hin) auch von Borrichius in einem anderen als dem eben citirten Werke (Hermetis, Aegyptiorum et chemicorum sapientia — — [Hafniae 1674], p. 80) 'Επιβήχιος sive 'Επιβόχιος in einer Liste von Schriftstellern genannt wird, deren Werke zu studiren er seinem Widersager Conring anräth; so als ob uns Etwas von diesem Schriftsteller erhalten wäre. Was ich über das von älteren alchemistischen Schriftstellern auf uns Gekommene erfahren konnte, enthält aber Nichts diese Angabe Bestätigende.

48) Wie Borrichius (Conspectus scriptorum chemicorum celebriorum, in Mangeti Bibliotheca chemica curiosa [Genevae 1702], T. I, p. 40) versichert (— Scholion Synesii philosophi in scripta Democriti — —; quod equidem vetustius esse apparet Zosimi scriptis, ut in quibus liquido citatur). Dieser Bezugnahme des Zosimos auf Synesios, in der τελευταίᾳ ἀποχῇ des Ersteren, gedenkt Borrichius auch in seiner Schrift: Hermetis, Aegyptiorum et chemicorum sapientia — — — [Hafniae 1674], p. 78, und kommt noch einmal p. 443 darauf zurück. Vgl. auch die folgende Anmerkung.

49) Wie Reinesius (Judicium de chemicorum graecorum codice Gothano, in Fabricii Bibl. gr. Vol. XII [Hamburgi 1724], p. 754) angiebt (Olympiodorus — — Zosimi autem ac Synesii, qui paullo eum praecesserunt, saepius meminit). Aus einer Schrift des Olympiodoros, einem Commentar zu einer Schrift des Zosimos (vgl. bei Olympiodoros), hat Fabricius (Bibl. gr. Vol. XII, p. 765) veröffentlicht, was als einer (an die Theosebia gerichteten) Schrift des Zosimos entnommen mitgetheilt ist, und hier wird auch Συνέσιος πρὸς Διόσκορον γράφων citirt.

50) Dafür, dass von dem Synesios noch eine andere alchemistische Schrift, als der Commentar zum Democrit, erhalten sei, ist mir jetzt nur eine Andeutung Boerhave's bekannt. Da, wo die griechischen Alchemisten von ihm aufgezählt werden (Elementa chemiae. T. I [Lugduni Batavorum 1732],

und da, wo die Hervorragendsten unter den Meistern der Kunst
genannt werden, sucht man seinen Namen manchmal vergebens,
wenn gleich derselbe sich in vollständigeren Listen der Lehrer der
Alchemie findet, wie uns auch solche aus der Zeit zugekommen
sind, wo noch alchemistische Schriften in griechischer Sprache abgefasst wurden[51]).

---

p. 12), wird zuerst genannt *Συνέσιος*, mit dem Zusatze: cujus et tractatus de
lapide philosophorum est in bibliotheca Lugduno-Batavae academiae. Dann
wird, besonders, noch der Commentar zum Democrit angeführt. Was mir
über den Inhalt der Leydener alchemistischen Handschriften bekannt geworden
ist, bestätigt Boerhave's Angabe nicht.

[51]) Dem 9ten Jahrhundert theilt Schmieder (Geschichte der Alchemie
[Halle 1832], S. 75) einen alchemistischen Tractat eines ungenannten Verfassers
zu, worin auch die Coryphäen der Alchemie namhaft gemacht werden: Hermes
Trismegistos, der Oberpriester Johannes, Demokritos und Zosimos,
und als ihre Commentatoren Synesios, Olympiodoros und Stephanos.
Aber dass, wie Schmieder angiebt, hier der Synesios mitgenannt werde,
finde ich in Lambeck's Bericht über die diese Liste enthaltende Schrift des
Ungenannten, wie sie in einer Handschrift der kaiserl. Bibliothek zu Wien
sich findet (Lambecii Commentar de biblioth. caesar. vindob. L. VI., ed. Kollarii [Vindob. 1780], p. 397 sqq.), nicht bestätigt; wohl wird hier der beiden anderen Commentatoren, nicht aber des Synesios erwähnt. Ich weiss nicht,
ob eine andere Handschrift dieses Tractates Anderes in dieser Beziehung enthält; die von Borrichius (Conspectus script. chem. celebr., in Mangeti Bibl.
chem. cur. T. I, p. 39) eingesehene Handschrift enthält indessen auch des
Synesios Namen nicht, und ebensowenig eine in Paris aufbewahrte, aus
welcher Höfer den Inhalt der bezüglichen Stelle mitgetheilt hat (Histoire de
la chimie, 2. éd., T. I [Paris 1866], p. 255), und eine auf der Bibliothek zu
Gotha befindliche, aus welcher die bezügliche Stelle durch Gruner (Isidis,
Christiani et Pappi philosophi jusjurandum chemicum [Jenae 1807], p. 24 sq.)
veröffentlicht worden ist. — Aber andere Zusammenstellungen der älteren alchemistischen Autoritäten enthalten den Namen des Synesios. allerdings.
So z. B. die von Bernard (vgl. S. 115, Anm. 28) veröffentlichte, einer Venetianer Handschrift aus etwa dem elften Jahrhundert entnommene Liste, welche
übrigens neben vielen bekannten auch einzelne in Beziehung auf Alchemie
unbekannte Namen hat; es werden hier die *ὀνόματα τῶν φιλοσόφων τῆς θείας
ἐπιστήμης καὶ τέχνης* genannt und als erste *Μώσης, Δημόκριτος, Συνέσιος*.
Reinesius (Variae lectiones [Altenburgi 1640], p. 155) hat bei der Besprechung, dass zu einer gewissen Zeit *ποιητής* die Bedeutung: Alchemist gehabt habe, die betreffende Stelle aus einer von ihm studirten Handschrift mitgetheilt: *Γίνωσκε, ὦ φίλε, καὶ τὰ ὀνόματα τῶν ποιητῶν· Ἀρχὴ Πλάτων, Ἀρι-
στοτέλης, Ἰωάννης ἱερεύς, Δημόκριτος, Ζώσιμος ὁ μέγας, Ὀλυμπιόδορος, Στέφανος ὁ φιλόσοφος, Σοφὰρ ὁ ἐν Περσίδι, Συνέσιος, Ὀστάνης ἀπ' Αἰγύπτου* u. s. w.
Es wird schwer zu entscheiden sein, ob diese Aufzählung beanspruchte, dass

sie in chronologischer Reihenfolge gemacht sei. Sie findet sich in hand-schriftlichen Sammlungen griechischer alchemistischer Werke öfters (vgl. z. B. den Manuscripten-Katalog der Pariser Bibliothek am S. 158, Anmerk. 47 a. O., Höfer's Histoire de la chimie a. e. a. O., und in Miller's Catalogue des manuscrits grecs de la bibliothèque de l'Escurial [Paris 1848] die da p. 516 aufgenommene Auskunft Wagnereck's bezüglich der in München befindlich gewesenen Handschriften). Wobei es immer auffallend bleibt, dass die ähn-liche, so viele Namen von Lehrern der Alchemie bietende Liste, welche (vgl. Anmerk. 47) Du Cange und Fabricius dem griechischen Texte nach voll-ständig mitgetheilt haben, Synesios nicht enthält.

Zosimos.

Ein fruchtbarerer Schriftsteller, als dieser Synesios, und bei den folgenden Alchemisten als eine angesehene Autorität betrachtet war Zosimos[1]), welcher der Zeit nach von dem Synesios nicht viel verschieden sein mag. Auch über die Persönlichkeit dieses Zosimos ist Nichts Sicheres bekannt. Er wird gewöhnlich der Panopolit genannt[2]), als aus Panopolis in der Thebaïs (Ober-Aegypten) gebürtig. Bei Pelagios, welchen man mit unsicheren Gründen in das 5te Jahrhundert setzt, wird er schon als der alte Zosimos, ὁ ἀρχαῖος Ζώσιμος, auch wohl schlechthin als ὁ ἀρχαῖος angeführt[3]); als ὁ παλαιός wird er in den Ueberschriften einzelner seiner Werke bezeichnet[4]). Aber nicht bloss als eine alte Autorität wird er von den folgenden alchemistischen Schriftstellern hervorgehoben, sondern auch als eine unvergleichlich wichtige und zuverlässige: ὁ θεῖος Ζώσιμος heisst er in der Ueber-

---

[1]) Der Namen kommt oft auch Zozimos, manchmal auch Sosimos geschrieben vor.

[2]) So u. a. wiederholt in der von Reinesius studirten Handschrift (Reinesii judicium de chemicorum graecorum codice Gothano in Fabricii Biblioth. graeca, Vol. XII [Hamburgi 1724], p. 754). Vgl. auch die S. 158, Anm. 47 angeführte Ueberschrift eines seiner Aufsätze, nach einer Pariser Handschrift, und im Folgenden die Angaben über die einzelnen Schriften.

[3]) Fabricii Bibl. gr., Vol. XII, p. 764; in der Pizimenti Uebersetzung des Commentars des Pelagios zu der alchemistischen Schrift des Democrit [Patavii 1573] kommt der Zosimus antiquus oder senior Zosimus öfters vor (f. 20 r⁰, 21 r⁰ u. v⁰, 22 v⁰ z. B.).

[4]) Fabricii Bibl. gr., Vol. XII, p. 762.

schrift einer 'Abhandlung⁵); bei seinem Commentator Olympiodoros (im 5ten? Jahrhundert) wird er als ὁ ἔνθεος Ζώσιμος, τὸ
στέφος τῶν φιλοσόφων, ὁ νοῦς ὁ θεηγόρος und ähnlich gepriesen ⁶); da, wo in der S. 160 (Anm. 51) besprochenen Schrift eines
ungenannten Alchemisten, welche dem 9ten Jahrhundert zugeschrieben wird, die in ganz allgemeiner Geltung stehenden Lehrer
der Alchemie aufgezählt werden⁷), ist er unter ihnen. Im 9ten
Jahrhundert erwähnt Photios, bei der Besprechung einer Sammlung von Zeugnissen aus heidnischen Schriftstellern für den christlichen Glauben, auch solcher aus den chemischen Lehren des Zosimos, welcher aus der Thebaïs, aus Panopolis gewesen sei ⁸).
Suidas um das Ende des 10ten Jahrhunderts gedenkt des alchemistischen Schriftstellers Zosimos⁹): Zosimos von Alexandria
(Ζώσιμος, Ἀλεξανδρεύς, φιλόσοφος) habe Schriften über Chemie
(χυμευτικά) an seine Schwester Theosebia gerichtet, welches

---

⁵) Fabricii Bibl. gr., Vol. XII, p. 763; ich komme unten auf die Titel der
betreffenden Schriften ausführlicher zurück.

⁶) Vgl. Zosimi de zythorum confectione fragmentum ed. Gruner [Solis-
baci 1814], p. 7.

⁷) οἱ οἰκουμενικοὶ πανεύφημοι φιλόσοφοι; unter ihnen wird Ζώσιμός τις
πολυμαθέστατος genannt, neben Hermes, dem Oberpriester Johannes und
Democrit; vgl. über diese Aufzählung, ausser S. 160, Anm. 51, einen späteren Abschnitt dieses Buches, in welchem ich die ältern Aufzählungen der
alchemistischen Autoritäten besprechen werde.

⁸) ἀπὸ τῶν χυμευτικῶν Ζωσίμου λόγων· Θηβαῖος δ᾽ἦν οἶτος Πανοπολίτης
(Photii Bibl.; cod. 170). In der Bekker'schen Ausgabe (Photii Bibliotheca,
ex recensione Imm. Bekkeri, T. I [Berolini 1824], p. 117) ist noch in den Text
statt χυμευτικῶν das weniger richtige Wort χειμευτικῶν aufgenommen, doch
in Anmerkung notirt, dass die Venetianer Handschrift χυμευτικῶν hat. Die
Lesart χειμευτικῶν findet sich auch in dem Texte der Ausgabe von Höschel
und Schott (Photii Bibl. graece edidit D. Hoeschelius, latine reddidit
A. Schottus; s. l., Druck des Paulus Stephanus, 1612; p. 382; dass auch
die Lesart χυμευτικῶν vorkomme, geben aber auch die beigegebenen Notae
D. Hoeschelii ad biblioth. Photii p. 43 an), und Schott, jenes Wort wohl
von χειμών ableitend, übersetzte, etwas unklar: sed et e frigidis Zosimi libris
petita (testimonia); gegen welche Deutung sich Reinesius (Variae lectiones
[Altenburgi 1640], p. 380) und Lambeck (Lambecii Comment. de bibl. caes.
vindob. L. VI., ed. Kollarii [Vindob. 1780], p. 401) lebhaft ausgesprochen
haben. Dafür, dass χυμευτικῶν das Richtigere sei, ist auch Fabricius
(Biblioth. graeca, Vol. VI [Hamburgi 1714], p. 613).

⁹) Suidae Lexicon ed. Bernhardy, Vol. I, Pars II [Halis 1843], p. 742.

11*

Werk nach alphabetischer Ordnung abgefasst sei und aus 28 Büchern bestehe; von Einigen werde es χειρόχμητα betitelt [10]).

Wann lebte dieser Chemiker Zosimos? Moreri [11]) liess ihn,
etwas früh, drei Jahrhunderte vor Beginn unserer Zeitrechnung
leben. Da man aber Grund hat, ihn als dem Christenthum zugethan zu betrachten [12]), muss er später gelebt haben. Er citirt in
seinen Schriften den Democrit [13]); dass er nach dem Synesios
gelebt habe, geht aus dem S. 159 Angegebenen hervor. Dass er
vor dem Ende des 4ten Jahrhunderts gelebt habe, ist danach an-
zuerkennen, dass er altägyptischer Heiligthümer: des Tempels zu

---

[10]) Χειροτεχνήματα liest oder deutet, mit Borrichius, dieses Wort Fabricius (Bibl. gr., Vol. VI, p. 613).
[11]) Dictionnaire historique [1673]. Vgl. Fabricii Bibl. gr., Vol. VI, p. 613.
[12]) Hierzu veranlasst schon, wie Photios (Bibl.; cod. 170) seiner erwähnt
(vgl. S. 163). Derselbe Photios bespricht allerdings auch (Bibl.; cod. 98; T. I,
p. 84 der oben citirten Bekker'schen Ausgabe) einen Geschichtschreiber
Zosimos und dessen Hass gegen das Christenthum; Letzterer lebte in der
ersten Hälfte des 5ten Jahrhunderts. Dass dieser Geschichtschreiber und der
Chemiker Zosimos dieselbe Person seien, scheint A. Schott geglaubt zu
haben (p. 382 seiner u. Höschel's in Anm. 8 citirter Ausgabe der Bibl. Photii),
hielten auch Balth. Bonifacius (Judicium de historicis; vgl. Fabricii Bibl.
gr., Vol. VI, p. 612) und Reinesius (Judicium de chemic. graec. cod. Gothano, in Fabricii Bibl. gr., Vol. XII, p. 753) für wahrscheinlich und suchte
namentlich Lambeck (Comment. de bibl. caes. vindob. L. VI., ed. Kollarii
p. 402) darzuthun; dafür, dass Beide verschiedene Personen seien, haben sich
namentlich Morhof (Polyhistor literarius, Pars I [Lubecae 1695], p. 108) und
Fabricius (Bibl. gr., Vol. VI, p. 612) ausgesprochen; als nicht zu entscheidend
betrachtete diese Frage noch Lenglet du Fresnoy (Histoire de la phil.
hermét. [à la Haye, 1742], T. I, p. 60; aber p. 463 findet man doch die Bemerkung, der Chemiker Zosimos, welcher dem Christenthum ergeben gewesen sein solle, müsse wohl von dem Geschichtschreiber Zosimos, dem
Christenfeind, verschieden sein). — Eine Anzahl Stellen aus des Zosimos
Schriften, welche dafür sprechen, dass er Christ war, hat Gruner (Zosimi
Panopolitani de zythorum confect. fragm. [Solisbaci 1814], p. 6) zusammengestellt.
[13]) Fabricii Bibl. gr., Vol. XII [Hamburgi 1724], p. 762, 765, 770, 771.
Salmasius' Zeugniss vgl. S. 128, Anm. 49; darüber, wie Zosimos auf einen
Ausspruch des Democrit Bezug nimmt, auch Salmasii Plinian. exercitat. in
Solini polyhistora, Pars II [Parisiis 1629], p. 1163. Stellen, in welchen Zosimos den Democrit citirt, hat auch Borrichius (Hermetis, Aegyptiorum
et chemicorum sapientia — — [Hafniae 1674], p. 69 u. 70) mitgetheilt. Darüber, wie Zosimos auf die in der Schrift des Democrit ausgesprochene
s. g. Lehre des Ostanes Bezug nimmt, vgl. S. 130, Anmerk. 51.

Memphis, des Serapis-Tempels erwähnt[14]). Als ungefähr dieser
Zeit — dem Ende des dritten, oder dem vierten Jahrhundert oder
der ersten Hälfte des fünften Jahrhunderts — angehörig wird er
denn auch gewöhnlich betrachtet; aber es erscheint mir jetzt als
das Richtigere, ihn in das 4te Jahrhundert zu setzen[15]).

[14]) Vgl. Gruner a. e. (Anmerk. 12) a. O., p. 6; Höfer's Histoire de la
chimie, 2. éd., T. I, p. 261. Auch Münter (Specimen versionum Danielis
Copticarum, p. 36) ist der Ansicht, dass Zosimos vor der Zerstörung des
Alexandrinischen Serapeums durch Theodosios gelebt habe; vgl. Idelers's
Bemerkung in A. v. Humboldt's Kritischen Untersuchungen über die histo-
rische Entwickelung der geographischen Kenntnisse von der neuen Welt — —,
Bd. I [Berlin 1836], S. 514.

[15]) In die erste Hälfte des 5ten Jahrhunderts hatten ihn Lenglet du
Fresnoy (Histoire de la philos. hermét. [à la Haye, 1742], T. III, p. 462),
Schmieder (Geschichte der Alchemie [Halle 1832], S. 69) und ich (Geschichte
der Chemie, Bd. II [Braunschweig 1844], S. 153) gesetzt. Bei den Bearbeitern
der Geschichte der Chemie im 17ten Jahrhundert findet man öfter die Angabe, dass er zu den ältesten der chemischen Schriftsteller gehöre, als eine
präcisere Zeitbestimmung. Als den ältesten unter den uns erhaltenen Schriftstellern über Chemie betrachtete den Zosimos namentlich Conring (De
Hermetica Aegyptiorum vetere et Paracelsicorum nova medicina — — [Helme-
stadii 1648], p. 17 u. 18), welcher weiter noch (a. a. O., p. 23) bemerkt, dass
für Zosimos wie für Synesios und Pelagios die Zeit wohl nicht genau
zu bestimmen sei, aber wahrscheinlich alle einer späteren Zeit als der Constantin's des Grossen (gestorben 337) angehören. Dass Zosimos einer früheren Zeit angehöre, suchte Borrichius (Hermetis, Aegyptiorum et chemicorum sapientia — — [Hafniae 1674], p. 78 sq.) wahrscheinlich zu machen,
welcher auch Conring's Behauptung widersprochen hat, dass kein älterer
chemischer Schriftsteller, als Zosimos, uns erhalten sei. Höfer setzt (Histoire de la chimie, 2. éd., T. I [Paris 1866], p. 261) den Zosimos an das
Ende des 3ten oder den Anfang des 4ten Jahrhunderts: Zosime, le Panopolitain, initié aux mystères de l'Égypte, paraît avoir vécu vers la fin du
IIIe siècle ou au commencement du IVe. On peut le considérer comme le
principal maitre de l'art sacré, car les écrits de Démocrite, de Marie et de
quelques autres, réputés antérieurs à cette époque, sont apocryphes. Wesshalb ich bezüglich der Physica et mystica des Democrit anderer Ansicht
bin, habe ich S. 122 ff. dargelegt; und dass Zosimos den Democrit citirt (ein
Umstand, dessen Höfer nicht erwähnt), ist S. 164 erinnert. Auch dem Synesios gegenüber setzt Höfer (a. a. O., p. 279) den Zosimos zu frühe: Dans tous
les cas, Synésius, le commentateur de Démocrite, paraît être de plus de cin-
quante ans postérieur à Zosime; dieser, durch Nichts begründeten Behauptung
steht doch des Borrichius Zeugniss (vgl. S. 159, Anm. 48), dessen Höfer
allerdings auch nicht erwähnt, gegenüber. Höfer scheint mir bezüglich des
Alters des Zosimos, namentlich auch gegenüber dem Alter der Schrift des
Democrit, nicht zu einem ganz bestimmten Urtheil gekommen zu sein; mit

Es sind uns viele Schriften unter Zosimos' Namen erhalten:
so viele, dass die Frage nahe lag, ob alle echt seien, ob mehrere
Schrifsteller desselben Namens existirten. Dafür, dass unechte
Schriften unter Zosimos' Namen schon frühe vorhanden gewesen
oder vermuthet worden seien, kann man eine Andeutung darin
sehen, dass in älteren Sammlungen alchemistischer Abhandlungen die eine oder andere ausdrücklich als eine echte des Zosimos bezeichnet ist[16]). Aber de la Mothe Le Vayer[17]) geht
zu weit, wenn er, bei der Besprechung dass Verschiedene des
Namens Zosimos zu unterscheiden seien, alle einem Zosimos
von Panopolis zugeschriebenen Schriften als erst in späterer
Zeit untergeschoben betrachtet. Der Name Zosimos war allerdings Vielen gemeinsam, von denen sich uns Kunde erhalten hat;
dreizehn bestimmt Verschiedene, welche auch Zosimos hiessen,
unterschied Fabricius[18]) am Ende seiner Besprechung des Ge-
schichtsschreibers Zosimos von Diesem und untereinander, unter
Zufügung, dass der Name ausserdem auch in alten Inschriften
häufig vorkomme; und Harles[19]) hat dann noch Einige in be-
stimmterer Weise unterschieden. Aber wahrscheinlich ist es doch,
dass der als Verfasser chemischer Werke bei Photios und der

---

den eben angeführten Stellen seines Werkes ist nicht ganz vereinbar, dass er
p. 271 s. die Vermuthung als erlaubt betrachtet, Pelagios sei ein Zeitgenosse
des Zosimos gewesen, und nun weiter angiebt, Pelagios citire den Democrit und den Zosimos; auch nicht, dass er p. 295 s. bespricht, dass eine Schrift
des Heliodor in der zweiten Hälfte des 4ten Jahrhunderts verfasst sei, in welcher
keiner der grossen Meister der Alchemie erwähnt sei, ce qui donne à penser que
Zosime, Pélage etc. ne sauraient du moins pas être antérieurs au quatrième
siècle. — Wenn ich jetzt der Ansicht bin, Zosimos sei in das 4te Jahrhundert zu setzen, so beruht dies wesentlich darauf, dass man ihn nach dem
oben Erörterten nicht wohl später setzen kann, und dass dafür, ihn früher zu
setzen, mir kein Grund bekannt ist; für letzteres bietet auch die Art, wie Zosimos sich über die frühere Betreibung der chemischen Kunst bei den Aegyptern ausspricht (vgl. S. 90 ff.), keinen irgend sichereren Anhaltspunkt.

[16]) Als γνησία γραφή, vgl. S. 158, Anm. 47; als γνήσια ὑπομνήματα die
Schrift über Werkzeuge und Oefen, vgl. Lambecii Comment. de biblioth. caes.
vindob. L. VI., ed. Kollarii [Vindob. 1780], p. 405; ich komme auch auf diese
Schriften-Titel unten ausführlicher zurück.

[17]) Oeuvres de François de la Mothe Le Vayer, nouvelle édition, T. IV,
2me partie [Dresde 1757], p. 134 ss.

[18]) Bibliotheca graeca, Vol. VI [Hamburgi 1714], p. 612 sqq.

[19]) Fabricii Biblioth. gr. ed. Harles, Vol. VIII [Hamburgi 1802], p. 71 sqq.

ebenso bei Suidas characterisirte Zosimos cine und dieselbe
Persönlichkeit war, wenn er auch bei dem Ersteren als aus Panopolis und bei dem Letzteren als von Alexandria bezeichnet wird [20]),
Fabricius [21]) und Lenglet du Fresnoy [22]) mögen recht haben
mit ihrer Vermuthung, dieser Chemiker sei geboren gewesen zu
Panopolis in der Thebaïs, wohnhaft aber zu Alexandria, und daher
rühre, dass er bald als aus der Thebaïs, bald als aus Panopolis, bald
als aus Alexandrien genannt werde; und darin hatte Fabricius
gewiss recht, dass er des Labbé Unachtsamkeit rügte, welcher [23])

[20]) Der Ansicht, es sei ein Chemiker Zosimos aus Alexandria von einem
gleichnamigen aus Panopolis in der Thebaïs zu unterscheiden, war Morhof
(a. a. O., p. 108). Dass es der Zosimos aus Panopolis sei, welcher bei Suidas
als Zosimos von Alexandria genannt wird, ist auch Höfer's Ansicht (a. a. O.,
p. 261, wo übrigens irriger Weise das von Suidas über die chemischen
Schriften des Zosimos Berichtete als von Photios berichtet angegeben ist).
[21]) Bibliotheca graeca, Vol. VI, p. 612.
[22]) Histoire de la philosophie hermétique [à la Haye, 1742], T. III, p. 59.
[23]) In seiner Nova bibliotheca manuscriptorum [Parisiis 1653]; vgl. Fabricii Bibl. gr., Vol. VI, p. 613. Was würde Fabricius, welcher des Labbei
hallucinationem tadelt, zu Gruner's (a. a. O., p. 5) Ansicht gesagt haben, nach
welcher sine dubio sub hoc (Zosimi) nomine plura latent opuscula, quorum
alia ad Zosimum, Panopolitanum, alia ad Thebanum, eumque verisimiliter
Judaeum, alia ad Alexandrinum, eumque christianum, pertinent, und für
welchen die Zahl der alchemistischen Schriftsteller, welche Zosimos hiessen,
sich wohl dadurch noch etwas vergrössert, dass nach seiner Ansicht (a. a. O., p. 7)
apud Pelagium philosophum distinguitur ὁ ἀρχαῖος Ζώσιμος ab juniori quodam
ejusdem nominis. Hiernach wäre von Zosimos dem Panopolit als dem älteren noch ein jüngerer Zosimos zu unterscheiden, wofür sich auch noch Anderes anführen liesse (vgl. S. 168). Dass von Zosimos dem Panopolit noch
ein älterer Zosimos zu unterscheiden wäre, folgert bei der Besprechung der
Schrift Περὶ τῆς ἱερᾶς καὶ θείας τέχνης τῆς τοῦ χρυσοῦ καὶ ἀργύρου ποιήσεως
Höfer (a. a. O., p. 271): Dans le dernier chapitre, Sur l'économie du corps de
la magnésie, l'auteur cite Zosime l'ancien, ce qui montre qu'il y avait plusieurs philosophes hermétiques de ce nom, et que Zosime le Panopolitain était
un des moins anciens. Und, gleichfalls dem sonst Gesagten gegenüber ganz
unvermittelt, findet sich bei Höfer (a. a. O., p. 293) auch noch die Angabe, Zosimos (ein anderer Zosimos?) sei vielleicht in die erste Hälfte des 7ten
Jahrhunderts zu setzen (vgl. S. 201, Anm. 170). — Bevor indessen die unter
dem Namen des Zosimos uns erhaltenen Schriften nicht mehr kritisch bearbeitet sind, die verschiedenen Handschriften besser verglichen, das wahrscheinlich Aeltere und das Neuere gesichtet und in dem ersteren die, mit
grosser Wahrscheinlichkeit darin enthaltenen neueren Einschiebungen auf-
gesucht sind, lässt sich nicht wohl in Beziehung auf die so aufgestellten Behauptungen etwas Sichereres entscheiden.

Zosimum Panopolitam und Zosimum Thebanum als zwei verschiedene chemische Schriftsteller anführte.

Dass, wenn wir einen im 4 ten Jahrhundert lebenden chemischen Schriftsteller Zosimos annehmen, welcher gewöhnlich als
der Panopolit bezeichnet wird und mit dem als Alexandriner bezeichneten identisch sein mag, nicht alle unter dem Namen des
Zosimos uns zugekommenen oder ihm zugeschriebenen Schriften
von ihm und aus jener Zeit stammen, ist wohl als gewiss zu betrachten. Reinesius hat bereits darauf aufmerksam gemacht[24]),
dass in einzelnen, des Zosimos Namen tragenden Schriften arabische Kunstausdrücke und Bezugnahme auf arabische und moham-
medanische Gelehrte (solche seien in einer von Salmasius dem
Zosimos zugeschriebenen Schrift unter der Bezeichnung οἱ σοφοὶ
τῶν Ἰσμαηλιτῶν verstanden) vorkommen, welche auf Abfassung der
sie enthaltenden Schriften von einem Jüngeren schliessen lassen;
und was Morhof[25]) dagegen bemerkt, nimmt wenigstens einem
Theil der kritischen Zweifel des Reinesius Nichts von ihrer Bedeutung. So kann auch die Echtheit der unter des Zosimos
Namen aufgeführten Schrift περὶ τῆς ἀσβέστου bezweifelt werden,
über welche in Fabricii Bibliotheca graeca[26]) sich einige Angaben
finden, worunter auch die, dass in derselben Stephanos citirt
werde; nun kennen wir keinen dem Zosimos an Alter vorstehenden alchemistischen Schriftsteller Stephanos, wohl aber war
Stephanos von Alexandria, welcher in der ersten Hälfte des
7 ten Jahrhunderts lebte, ein solcher[27]). Und ebensolche Zweifel
können sich bezüglich der Schrift erheben, welche an einen Theodoros gerichtet sein soll; mir wenigstens ist kein als zur Alchemie in Beziehung stehend genannter Theodoros vor der ersten
Hälfte des 7 ten Jahrhunderts bekannt[28]). Aber eine weiter ge-
hende kritische Sichtung der dem Zosimos beigelegten Schriften:

---

[24]) Judicium de chemicorum graecorum codice Gothano, in Fabricii Bibl.
graeca, Vol. XII [Hamburgi 1724], p. 752 sq.

[25]) Polyhistor literarius, Pars I [Lubecae 1695], p. 107 sq.

[26]) Vol. XII, p. 767.

[27]) Ob hier wirklich Stephanos citirt werde, ist mir indessen noch nicht
gewiss; ich komme hierauf bei Besprechung der Schrift περὶ τῆς ἀσβέστου zurück.

[28]) Ich komme hierauf unten zurück, da wo die Ζωσίμου πρὸς Θεόδωρον κεφάλαια besprochen werden.

welche als ältere und welche als neuere zu betrachten seien, wird
bedeutend dadurch erschwert, dass nur die wenigsten veröffentlicht
sind, für die meisten nur dürftige Angaben und Excerpte, oft nicht
mehr als die Ueberschrift und etwa noch die Anfangsworte vorliegen; dass in verschiedenen Handschriften dieselbe Schrift unter
verschiedenen Titeln vorkommt[29]). Und doch ist diesen Schriften —
ganz abgesehen von dem Ansehen, dessen ihr Verfasser in älterer
Zeit genoss — auch noch in späterer Zeit von manchen bedeuten-
den Männern Interesse zugewendet worden; J. J. Scaliger[30]) und
Cl. Salmasius[31]) haben sie ernstlicher Beachtung werth gehalten
und Excerpte aus ihnen mitgetheilt; O. Borrichius[32]) empfahl
das Studium derselben den der Chemie Beflissenen mit den wärm-
sten Worten, die übrigens für die jetzige Generation wo möglich
noch wirkungsloser sein werden als sie es auch für die seit ihm
dagewesenen Generationen waren.

Es wird kaum mehr zu entscheiden sein, ob der Zosimos,
welcher nach Suidas' Angabe 28 Bücher χυμευτικά an seine
Schwester Theosebia richtete, ausser diesen noch die Schriften
schrieb, welche die Bibliotheken meist handschriftlich als alchemistische Aufsätze des Zosimos bewahren, wie dies Reinesius[33])
annahm; oder ob einzelne uns erhaltene Aufsätze Theile jenes
grösseren Werkes sind[34]); oder ob die uns überkommenen Aufsätze

---

[29]) Worauf schon Morhof (Polyhistor literarius, Pars I [Lubecae 1695],
p. 109) aufmerksam machte.

[30]) In seinen Anmerkungen zu des Eusebios Chronicon.

[31]) Dessen Plinianae exercitationes in Solini polyhistora vielfache Bezugnahme auf den Zosimos haben und eingehende Beschäftigung mit Dessen
Schriften ersehen lassen.

[32]) In seinem (nach seinem 1690 erfolgten Tode zuerst 1697 veröffentlichten) Conspectus scriptorum chemicorum celebriorum, in Mangeti Bibliotheca chemica curiosa, T. I [Genevae 1702], p. 39: In quibus monumentis (Zosimi scriptis) licet varia, ut fit, aliena, figurata, allegorica se ingerant, plura
tamen adsunt egregia monita, et ex intimis penetralibus artis in scenam pro-
ducta, quae legisse, imo sollicite expendisse, candidatum studii chemici nequa-
quam poenitebit, dummodo simul experimenta, et lectionem aliorum quoque
celebrium scriptorum conjungat.

[33]) Reinesii Variae lectiones [Altenburgi 1640], p. 380.

[34]) Als dieser Ansicht entsprechend lässt sich von Borrichius a. e. a. O.
Gesagtes auffassen; er führt eine Reihe von Schriften des Zosimos an und
zuletzt Zosimi Thebani libellum mysticum, item Zosimi scriptum ad Theose-

des Zosimos überhaupt nur Fragmente aus jenem 28bücherigen
Werke sind, wie dies Lenglet du Fresnoy [35]) und in neuerer
Zeit noch Schöll [36]) als Vermuthung haben. Aber versuchen kann
man, darzulegen, welche Schriften als von Zosimos herrührend
in den handschriftlichen Sammlungen älterer alchemistischer Aufsätze enthalten sind, die sich auf mehreren Bibliotheken finden;
dass nur sehr Weniges von diesen Schriften gedruckt ist, wurde
schon oben (S. 169) erinnert. Versuche in dieser Richtung wurden
bereits vor längerer und noch in neuerer Zeit gemacht; welche
Schriften als dem Zosimos zugehörig oder beigelegt uns zugekommen seien: darüber sind vollständigere und unvollständigere, richtigere und unrichtigere Angaben gemacht worden. Auf selbststän-
digem Studium der Manuscripte, welche er auf der königlichen
Bibliothek zu Paris fand, beruhte die Aufzählung der Schriften des
Zosimos, welche Borrichius gab: unter Anführung der griechischen Titel derselben [37]) und unter Angabe der Bedeutung der
Titel in lateinischer Sprache [38]). Weniger zuverlässig ist offenbar
die von Reinesius [39]) gegebene Liste, in welcher Schriften dem
Zosimos beigelegt werden, die ich kaum irgendwo oder nirgends
sonst noch als ihm zugehörig angegeben finde. Die Handschriften-
Kataloge mehrerer Bibliotheken haben seitdem — wenn nicht
immer in griechischer Sprache, doch dem Sinne nach — die Ueberschriften kennen gelehrt, unter welchen sich auf diesen Bibliotheken Schriften des Zosimos finden. Unsicherheit bezüglich einzelner Ueberschriften resultirte einerseits daraus, dass dieselben
nicht immer in der Ursprache angeführt wurden [40]); andrerseits

---

bejam. Diese Angabe findet in dem, was nachher über den Inhalt der Sammlungen griechischer alchemistischer Schriften bekannt geworden ist, ihre Erklärung; vgl. unten, S. 185 f.

[35]) Histoire de la philosophie hermétique, T. I [à la Haye, 1742], p. 59.

[36]) Geschichte der griechischen Litteratur, Bd. III [Berlin 1830], S. 445 f.

[37]) Hermetis, Aegyptiorum et chemicorum sapientia — — — [Hafniae 1674],
p. 49.

[38]) Conspectus scriptorum chemicorum celebriorum [Hamburgi 1697],
cap. VI (in Mangeti Bibliotheca chemica curiosa, T. I, p. 39).

[39]) Variarum lectionum Libri III [Altenburgi 1640], p. 380 sq.

[40]) So hat z. B. Lenglet du Fresnoy in dem bibliographischen Theile
(T. III) seiner Histoire de la philosophie hermétique die Titel immer nur in

auch daraus, dass in den verschiedenen Handschriften öfters dieselbe Schrift unter etwas verschiedenen Titeln steht und dass verschiedene Schriften sehr ähnliche Titel haben. Und diese Unsicherheit konnte sich bis zur Unrichtigkeit steigern, wenn ein
Bibliograph den Titel einer Schrift, wie er ihn in einer anderen
Sprache gegeben vorfand, in unrichtiger Weise in das Griechische
zurück übersetzte [41]). Man muss die Kataloge der einzelnen Biblio-

---

lateinischer Uebersetzung den Katalogen der betreffenden Bibliotheken entnommen und gegeben.

[41]) Was Schmieder gethan zu haben scheint, welchem ich dann mit derselben unrichtigen Angabe gefolgt bin. Ich bedaure, der einfachen Anerkennung, dass dies so ist, und der Erörterung dessen, was mein Vertrauen
zu Schmieder's Angabe bestärken musste, die Zurückweisung einer Verdächtigung beifügen zu müssen. — Ich habe in dem II. Theile meiner Geschichte der Chemie [Braunschweig 1844], S. 153 bei Erwähnung der Schriften
des Zosimos auch eine περὶ τῆς ἁγίας τέχνης genannt, und S. 5 u. 160 angegeben, die Alchemie sei früher u. a. auch ἡ ἁγία τέχνη genannt worden. In
der zweiten Auflage seiner Histoire de la chimie, T. I [Paris 1866], p. 256 in
einer Anmerkung, äussert sich Höfer: Depuis l'apparition de la première
édition de notre ouvrage (en 1842), plusieurs écrivains ont parlé de *l'art sacré* d'après notre analyse des manuscrits grecs de la Bibliothèque impériale. Mais,
pour mieux masquer la source où ils avaient puisé, quelques-uns ont imaginé
de remplacer, dans les titres grecs, le mot ἱερά, sacra, par ἅγια, sancta; ils
ignoraient sans doute que le mot ἅγιος a un tout autre sens, et qu'il ne s'emploie jamais comme qualificatif de τέχνη, ars. C'est ainsi que les larcins se
trahissent. Höfer hätte wohl gethan, deutlicher zu sagen, *wen* er des Pla-
giats beschuldigt; ich bin mit ungleich mehr Offenheit aufgetreten, als ich
seiner Zeit (in Quesneville's Revue scientifique et industrielle, 2. série,
T. IV, p. 131; Paris 1845) darlegte, in welchen Beziehungen Höfer's Histoire
de la chimie zu Joh. Friedr. Gmelin's Geschichte der Chemie steht. —
Wie die Sache jetzt liegt, ziemt es mir wohl, von Höfer's Anmerkung No-
tiz zu nehmen. Was ich a. o. a. O. über Zosimos' Schriften und im Zusammenhang damit darüber, dass die Alchemie auch als ἁγία τέχνη benannt
gewesen sei, angegeben, stützte sich ganz auf das, was sich in Schmieder's
Geschichte der Alchemie [Halle 1832], S. 69 f. findet; S. 70 führt Schmieder
als eine der Schriften des Zosimos an: „Περὶ τῆς ἁγίας τέχνης, *Von der
heiligen Kunst*, wovon die Pariser Bibliothek vier Handschriften besitzt".
Bei der Bestimmtheit der Angabe Schmieder's schenkte ich ihr Glauben;
ich hatte damals über die Schriften des Zosimos noch nicht solche Studien
gemacht, wie seitdem. Ich konnte dieser Angabe um so eher Glauben schen-
ken, da der Ausdruck ἁγία τέχνη auch ausserdem, und ganz unabhängig von
Schmieder's Behauptung, als für Alchemie gebraucht angegeben worden ist:
bei Borrichius (Hermetis, Aegyptiorum et chemicorum sapientia — — [Hafniae
1674], p. 80) z. B. und bei Boerhave (Elementa chemiae [Lugduni Bata-

theken, welche unter ihren griechischen Handschriften alchemistischen Inhalts auch Schriften des Zosimos haben, durchgehen,
um ein Urtheil über die Zahl der letzteren und über ihre Titel zu
erstreben, und nach den Angaben über die Anfangsworte u. a.
sich einigermassen darüber zu unterrichten suchen, welche Schriften
unter verschiedenen Titeln, welche Schriften unter denselben Titeln in verschiedener Fassung oder Vollständigkeit uns erhalten
seien. Erschwert wird die Beschäftigung mit diesem Gegenstand,
und Gelegenheit zu Irrthümern wird (wie eben hervorgehoben)
geboten dadurch, dass einzelne Kataloge nur den Sinn der Titel
und nicht die griechischen Worte selbst angeben; und wenn auch

---

vorum 1732], T. I, p. 12) wird in dem Verzeichniss älterer griechischer alchemistischer Schriften auch eine Ἰωάννου Ἀρχιερέως, τοῦ ἐν ἁγίᾳ πόλει, περὶ τῆς
ἁγίας τέχνης angeführt. — Selbst bei Anerkennung des Unterschiedes in den
Bedeutungen der Worte ἱερά o. sacra und ἁγία o. sancta würde man es nicht
als Etwas Unzweifelhaftes zu betrachten haben, dass in den älteren alchemistischen Schriften die Alchemie wohl als ἱερά τέχνη, aber niemals als ἁγία
τέχνη bezeichnet sein könne. Letzterem entspricht die Behauptung, die Alchemie könne zwar als sacra ars oder divina ars, aber niemals als sancta ars
bezeichnet werden; und doch sagt Morhof, welcher wohl mehr Sinn für den
Unterschied der hier in Betracht kommenden Wort-Bedeutungen hatte als
jene früheren Alchemisten, da wo er (Polyhistor literarius, P. I [Lubecae 1695],
p. 109) des Reinesius ungünstigem Urtheil über die Alchemie entgegentritt:
Reinesius miseram artem (die Alchemie) vocat, quam divinam et sanctam om-
nes, quotquot sunt veri ejus possessores, dicunt. — So viel zur Entgegnung auf
jene Anmerkung Höfer's, soweit sie als Verdächtigung mir gegenüber in
Betracht kommen kann; sie beruht auf dem Missverständniss, dass Höfer, was
nach 1842 über den hier in Besprechung stehenden Gegenstand publicirt
wurde, ausschliesslich auf das von ihm Veröffentlichte beziehen zu dürfen
glaubte, während doch schon vor ihm über diesen Gegenstand zahlreiche Angaben gemacht worden waren, deren Berücksichtigung ihn auch dieses Missverständniss hätte vermeiden lassen. Eine andere Frage ist aber die, ob die
Bezeichnung ἁγία τέχνη für Alchemie sich bei ältern Alchemisten findet, oder
nicht. Und da bin ich allerdings jetzt auch der Ansicht, dass diese Bezeichnung in dem Titel einer Schrift des Zosimos nicht vorkommt (vgl. S. 189 ff.
Anmerk. 128) und dass Schmieder wahrscheinlich den (z. B. in Lenglet
du Fresnoy's Histoire de la philosophie hermétique, T. III [à la Haye, 1742],
p. 13 u. a.) in Uebersetzung gefundenen Titel: Zosimus Panopolita de sacra
arte unrichtig in das Griechische zurückübersetzt hat. Ich will gleich noch
bemerken, dass auch die Angabe, nach welcher in dem Titel einer alchemistischen Schrift eines Oberpriesters Johannes die Alchemie als ἁγία τέχνη
bezeichnet sein soll, in dem, was mir seitdem noch über diese Schrift resp.
über den Titel derselben bekannt geworden ist, keine Bestätigung findet.

einzelne Verfasser von Katalogen auf die Angaben in einzelnen
anderen Katalogen Rücksicht genommen und für eine Vergleichung
vorgearbeitet haben, fehlt doch noch eine, die Angaben der verschiedenen Kataloge etwas vollständiger und gleichmässiger zu-
sammenstellende Bearbeitung. Bei den Schriftstellern des vorigen
und des jetzigen Jahrhunderts, welche sich mit der Geschichte und
der Bibliographie der Alchemie beschäftigt haben, sucht man vergebens nach einer solchen. Lenglet du Fresnoy[42]) hat die Kataloge nur weniger Bibliotheken — darunter allerdings den der
vorzugsweise reichen Pariser — excerpirt; für die Erkennung und
Vergleichung des Zusammengehörigen giebt das von ihm aufge-
stellte alphabetische Schriftsteller-Register nur unsichere Anhaltspunkte. Schmieder[43]) scheint sich wesentlich auf das, was
Lenglet du Fresnoy angab, beschränkt und verlassen zu haben;
seine Angaben über die Schriften des Zosimos sind unvollständig
und theilweise unrichtig. Höfer[44]) hat über die Schriften des
Zosimos, welche ihm in den Handschriften der Bibliothèque impériale zugänglich waren, dankenswerthe Mittheilungen gemacht:
den Inhalt eingehender besprochen, als Frühere dies gethan hatten, und grössere Stücke in französischer Uebersetzung und theilweise im griechischen Urtext gegeben; auf das in den Handschriften anderer Bibliotheken Enthaltene nimmt er keine Rücksicht.
Wenn ich hier versuche, einen Ueberblick über das bezüglich der
Schriften einer der ältesten Autoritäten in der Chemie Vorliegende
zu geben, so verhehle ich mir nicht, wie unvollkommen — auch
dem Materiale nach, welches mir bekannt geworden ist oder zugänglich war — der Erfolg dieses Versuches ist, und wie manche
Fragen, die sich bei dieser Zusammenstellung aufwerfen, unbefrie-
digend oder gar nicht beantwortet werden. Aber immerhin scheint
es mir einigen Nutzen zu haben, die Zusammenstellung, so weit
sie mir möglich ist, zu geben; es wird damit mindestens wohl eine
bessere Vorstellung darüber gewährt, welche Schriften des Zosi-

---

42) In seiner Histoire de la philosophie hermétique, T. III [à la Haye, 1742],
p. 9—28.
43) In seiner Geschichte der Alchemie [Halle 1832], S. 69 f.
44) In seiner Histoire de la chimie, 1. éd., T. I [Paris 1842], p. 254—262
u. 498; 2. éd., T. I [Paris 1866], p. 261—271 u. 524.

mos erhalten sind, ein Anhaltspunkt für die Anreihung und Ver-
werthung solcher Angaben, die mir nicht bekannt geworden oder
noch zu erwarten sind, eine Vorarbeit für den, welcher sich später
etwa mit diesem Gegenstande beschäftigt.

Ich gehe die Schriften des Zosimos einzeln durch und gebe
für jede das mir bezüglich ihrer bekannt Gewordene, so weit es
mir zu verdienen scheint, in Betracht gezogen zu werden.

Eine der wichtigsten Schriften des Zosimos ist die „über Apparate und Oefen", das Opus de instrumentis et caminis, wie Bor-
richius⁴⁵) in seiner Liste der Schriften des Zosimos den griechischen Titel *Περὶ ὀργάνων καὶ καμίνων* wiedergiebt, unter welchem diese Abhandlung ihm⁴⁶), wie vorher schon dem Reine-
sius⁴⁷), bekannt war; aber gedruckt wurde meines Wissens diese
Schrift nie, und einige Unsicherheit herrscht darüber, ob sie als
einzelne Kapitel gewisse Aufsätze enthält, welche sonst auch einzeln in Handschriften vorkommen, oder ob diese Aufsätze selbstständige Schriften sind. Wie zusammengehörig⁴⁸), unter Einer Nummer, nennt Fabricius⁴⁹) in der Angabe des Inhalts einer ihm
zugekommenen Abschrift einer auf einer Pariser Bibliothek befindlich gewesenen Sammlung alchemistischer Schriften: *Ζωσίμου τοῦ
Πανοπολίτου περὶ ὀργάνων καὶ καμίνων*, additis iconibus. Incipit:
Τὰ τοῦ θείου ὄργανα πρὸ πάντων δεῖ ἐκδοῦναι. Ejusdem *περὶ τοῦ
θείου ὕδατος.* Incipit: *Τοῦτό ἐστι τὸ θεῖον καὶ μέγα μυστήριον.*
Ejusdem *περὶ τοῦ τριβίκου καὶ τοῦ σωλῆνος.* Incipit: *Ποίησον,
φησὶν Μαρία, ἐκ χαλκοῦ ἐλατοῦ σωλῆνας τρεῖς.* Und weiter beigefügt ist hier noch, nach des Fabricius Angabe, *ἕτερος κάμινος
Μαρίας, ἧς καὶ ὁ Ἀγαθοδαίμων ἐμνημόνευσεν*, mit Abbildungen,
zusammen mit Stellen noch anderer alchemistischer Schriftsteller.

---

⁴⁵) Conspectus scriptorum chemicorum celebriorum, in Mangeti bibliotheca chemica curiosa, T. I, p. 39.

⁴⁶) Hermetis, Aegyptiorum et chemicorum sapientia — — [Hafniae 1674],
p. 49.

⁴⁷) Variae lectiones [Altenburgi 1640], p. 380 sq.

⁴⁸) Ueber das Zusammenstehen einzelner dieser Aufsätze in einer Florentiner Handschrift vgl. unten Anmerk. 73.

⁴⁹) Bibliotheca graeca, Vol. XII [Hamburgi 1724], p. 766 sq.

— Den ersten und den letzten jener drei Aufsätze hat als zusammengehörig Höfer, welcher [50]) unter der Ueberschrift: Livre de Zosime sur les fourneaux et les instruments de chimie. Du tribicus, ou appareil à trois ballons den Inhalt derselben, nach einer Handschrift der Bibliothèque impériale zu Paris [51]), eingehender bespricht, namentlich was sich darin bezüglich der Destillations-Apparate angegeben findet; ich denke auf diese Angaben in einem besonderen Abschnitte dieser Beiträge zurückzukommen, in welchem ich das über Destillation aus älterer Zeit mir bekannt Gewordene zusammenstelle. — Eine auf der Marcus-Bibliothek zu Venedig befindliche oder befindlich gewesene, in dem elften oder zwölften Jahrhundert geschriebene Sammlung alchemistischer Schriften enthält, wie schon die älteste mir über sie bekannt gewordene Nachricht [52]) angiebt, gleichfalls die Abhandlung des Zosimos περὶ ὀργάνων καὶ καμίνων, aber mit anderem Anfang (῾Η τῆς ὁρωμένης καμίνου) als ihn Fabricius angiebt, und gleich nachher die περὶ τοῦ θείου ὕδατος, mit demselben Anfang wie ihn Fabricius hat. Diese Angaben über das Vorkommen dieser Schriften in der genannten Sammlung werden bestätigt durch das, was Bernard [53]) nach d'Orville's Notizen aus dieser Handschrift veröffentlicht hat. Sie werden bestätigt und vervollständigt durch das von Morelli [54]) über diese Sammlung Mitgetheilte, nach welcher darin auch enthalten ist Zosimi περὶ ὀργάνων καὶ καμίνων. Inc. ῾Η τῆς ὁρωμένης καμίνου διαγραφή. Accedit etiam fragmentum περὶ τοῦ θείου ὕδατος [55]). — In der Bibliothek des Escurials

---

[50]) Histoire de la chimie, 2. éd., T. I [Paris 1866], p. 261 ss.

[51]) Cod. 2249 dieser Bibliothek, für welchen schon früher (Catalogus codicum manuscriptorum bibliothecae regiae, T. II [Parisiis 1740], p. 470; Lenglet du Fresnoy's Histoire de la philosophie hermétique [à la Haye, 1742], T. III, p. 10) angegeben war, in ihm sei auch enthalten Zosimus, de instrumentis chymicis et fornacibus.

[52]) Graeca D. Marci bibliotheca codicum manuscriptorum — — [Venetiis 1740], p. 141; auch in Bernard's nachstehend citirter Schrift, p. 113.

[53]) Im Anhang zu seiner Ausgabe Palladii de febribus [Lugduni Batavorum 1745], p. 116.

[54]) Bibliotheca manuscripta graeca et latina, T. I [Bassani 1802], p. 178.

[55]) Die Inhaltsangabe einer Sammlung griechischer alchemistischer Aufsätze, deren Herausgabe Leo Allatius beabsichtigt hatte, hat auch, viel-

ist eine handschriftliche Sammlung alchemistischer Aufsätze, welche nach dem, was Miller[56]) über sie angegeben hat, auch bezüglich der uns jetzt beschäftigenden Schriften des Zosimos, ziemlich mit der vorher besprochenen Venetianer Handschrift übereinstimmt. — Dieselben beiden Schriften stehen auch, und mit demselben Anfang, zusammen in einer handschriftlichen Sammlung alchemistischer Abhandlungen der Wiener Bibliothek nach Lambeck[57]). Sie finden sich ebenso wieder in einer solchen Sammlung der Münchener Bibliothek nach Hardt[58]), welcher auch bezüglich der ersteren Schrift (περὶ ὀργάνων καὶ καμίνων) mittheilt, dass die von Fabricius als Anfang gegebenen Worte in der Münchener Handschrift erst weiter unten vorkommen, und bezüglich der anderen (περὶ τοῦ θείου ὕδατος) ersehen lässt, dass sie in dieser Handschrift ohne Angabe des Verfassers steht; und ebenso in der Altenburger o. Gothaer Handschrift[59]).

Die Apparate, welche Zosimos in dieser Schrift beschreibt, sind namentlich solche zur Destillation. Sie sind in den Handschriften durch Zeichnungen verdeutlicht, welche als aus der Zeit des Zosimos selbst herrührend betrachtet werden. Es ist indessen immerhin schwierig, über die Ursprünglichkeit von Figuren zu urtheilen, welche sich in neueren Abschriften älterer Werke finden, wenn der Text nicht ausdrücklich auf die Figuren Bezug nimmt und so die Echtheit derselben zu controliren gestattet; und der Text der hier in Betracht kommenden Schrift von Zosi-

---

leicht nach einer Handschrift der Bibliothek des Vaticans, einen Aufsatz: Zosimi de instrumentis et caminis, mit dem Anfang: Ἡ τῆς ὁραμένης καμίνου περιγραφὴ κεῖται ἧς ὁ φιλόσοφος ἐμνημόνευσεν (Fabricii Bibliotheca graeca, Vol. XIV [Hamburgi 1754], p. 19).

56) Catalogue des manuscrits grecs de la bibliothèque de l'Escurial [Paris 1848], p. 418.

57) Lambecii Commentariorum de bibliotheca caes. vindobonensi L. VI., ed. Kollarii [Vindobonae 1780], p. 405.

58) Catalogus codicum manuscriptorum graecorum bibliothecae regiae bavaricae, T. II [Monachii 1806], p. 27. Als dritte Schrift, gleichfalls ohne Angabe des Verfassers, schliesst sich hier an: Ποίησις ἐκ τουτίας.

59) In dieser Handschrift stehen nach Jacobs (Fr. Jacobs u. F. A. Ukert's Beiträge zur ältern Litteratur o. Merkwürdigkeiten der herzogl. Bibliothek zu Gotha, Bd. I, Hft. 2 [Leipzig 1835], S. 218) zusammen: Ζωσίμου περὶ ὀργάνων καὶ καμίνων, περὶ τοῦ θείου ὕδατος und ποίησις ἐκ τουτίας.

mos ist noch nicht gedruckt. Drei Figuren hat, als Destillations-
apparate aus des Zosimos Zeit darstellend, Borrichius[60]) veröffentlicht, nach den Zeichnungen in den Handschriften der Bibliotheken zu Paris und Venedig; dieselben drei Figuren, nach den
Zeichnungen in einer Pariser Handschrift, in der neuesten Zeit
auch Höfer[61]).

Reinesius[62]) und Borrichius[63]) in früherer Zeit wie
Schmieder[64]) und Höfer[65]) in neuerer · erwähnen nur Einer
Schrift des Zosimos über Apparate und Oefen[66]). Aber es giebt
noch eine zweite Schrift des Zosimos über denselben Gegenstand,
welche in vielen Sammlungen der älteren alchemistischen Abhandlungen gleichfalls enthalten ist, und die in dem Titel ausdrücklich
Anspruch darauf erhebt, als eine echte Schrift des Zosimos betrachtet zu werden: „die echten Aufzeichnungen des Zosimos
über Apparate und Oefen", deren Anfangsworte (und mehr ist
kaum aus ihnen bekannt) für eine chemische Abhandlung allerdings etwas sonderbar erscheinen. Die Inhaltsverzeichnisse vieler
Sammlungen enthalten eine Schrift des Zosimos mit dem Titel:

---

[60]) Hermetis, Aegyptiorum et chemicorum sapientia — —, p. 156. Zosimus
Panopolites, sagt hier Borrichius, libro περὶ ὀργάνων καὶ καμίνων lucu-
lente ob oculos nobis sistit antiquorum illa vasa destillationibus accommodata;
nachdem Derselbe Anweisung bezüglich der zur Destillation nöthigen Gefässe
gegeben, tandem, ut clarius sese explicet, ipsas vasorum figuras appingit, qua-
rum nonnullas licet rudiori manu exaratas ex bibliotheca regis christia-
nissimi, et illa D. Marci Venetiis, libuit hic in gratiam curiosorum adjicere.
[61]) Histoire de la chimie, 2. éd., T. I, p. 262, 263, 264. Die hier gegebenen Figuren weichen von den durch Borrichius veröffentlichten in einigen
Einzelnheiten ab, sind aber unzweifelhaft Abbildungen der nämlichen Apparate; Höfer hatte früher (Histoire de la chimie, 1. éd., T. I, p. 256) Eine
dieser Abbildungen gegeben, welche mit der entsprechenden bei Borrichius
grössere Uebereinstimmung hat, als die von Höfer später (Histoire de la
chimie, 2. éd., T. I, p. 264) gegebene, gewisse Einzelnheiten zeigende, welche
in jenen Abbildungen nicht zu sehen sind.
[62]) Variae lectiones, p. 380 sq.
[63]) Hermetis, Aegyptiorum et chemicorum sapientia — —, p. 49 u. 156;
Conspectus scriptorum chemicorum celebriorum in Mangeti biblioth. chem.
cur., T. I, p. 39.
[64]) Geschichte der Alchemie [Halle 1832], S. 69.
[65]) In seiner Besprechung der Schriften des Zosimos; Histoire de la
chimie, 2. éd., T. I, p. 261—271.
[66]) Nur Eine Schrift des Zosimos: de instrumentis et camino wird in

Περὶ ὀργάνων καὶ καμίνων γνήσια ὑπομνήματα und dem Anfang:
Περὶ τοῦ ὦ στοιχείου. Τὸ ὦ στοιχεῖον στρογγύλον τὸ διμερές — —;
mehrere geben die vier hier genannten Anfangsworte als noch zu
dem Titel gehörig an. Diese Schrift findet sich u. a. in der Venetianer Handschrift [67]), in der mit derselben ziemlich übereinstimmenden der Bibliothek des Escurials [68]), in der Wiener [69]), in der
Münchener [70]), in der Altenburger o. Gothaer [71]) Handschrift u. a. [72]).
Ueber den Inhalt dieser Schrift, und darüber, in welcher Beziehung
sie zu der vorher besprochenen stehen möge, ist mir weiter Nichts
bekannt geworden.

Ich habe oben (S. 174 ff.) angegeben, dass mehrere Handschriften
hinter der Abhandlung des Zosimos *περὶ ὀργάνων καὶ καμίνων*,
wie Etwas dazu Gehöriges, eine Abhandlung *περὶ τοῦ θείου ὕδατος*, mit dem Anfange: *Τοῦτό ἐστι τὸ θεῖον καὶ μέγα μυστήριον — —*
haben. Diese Abhandlung kommt auch, zusammen mit Anderem,
theilweise bereits (a. e. a. O.) Besprochenem, unter dem Titel *Ζωσίμου
τοῦ Πανοπολίτου γνήσια ὑπομνήματα* vor [73]). Die Schrift *περὶ τοῦ
θείου· ὕδατος* wird auch manchmal als eine selbstständige Schrift

der Angabe des Inhalts einer Breslauer Handschrift genannt (Nova librorum
rariorum conlectio, fascic. IV. [Halis Magdeb. 1715], p. 768); aber diese
Inhaltsangabe ist unvollständig und die Breslauer Handschrift höchst wahrscheinlich mit der besser bekannten Wiener Handschrift ganz übereinstimmend.

[67]) Graeca D. Marci bibliotheca — —, p. 141; bei Bernard (vgl. Anm. 53),
p. 113 u. 116; bei Morelli (vgl. Anmerk. 54), p. 178.

[68]) Bei Miller (vgl. Anmerk. 56), p. 418.

[69]) Bei Lambeck (vgl. Anmerk. 57), p. 405 sq.

[70]) Bei Hardt (vgl. Anmerk. 58), p. 28, wo sich, getreu aber auch wenig
verständlich, der Titel übersetzt findet: Zosimi de instrumentis et caminis vera
commentaria de omega.

[71]) Jacobs u. Ukert's in Anmerk. 59 citirte Schrift, Bd. I, Hft. 2, S. 218:
Ζωσίμου περὶ ὀργάνων καὶ καμίνων γνήσια ἱπομνήματα· περὶ τοῦ ὦ στοιχείου.

[72]) Als in einer Handschrift, welche sich in der Bibliothek des Cardinals
Radulphus befand, enthalten sind angegeben worden (Montfaucon's Bibliotheca bibliotheniarum manuscriptorum nova [Parisiis 1739], T. II, p. 773): Zosimi
γνήσια ἱπομνήματα; als in einer Handschrift einer Bibliothek zu Montpellier enthalten (Montfaucon a. e. a. O., p. 1200) ein Aufsatz unter derselben Ueberschrift. Vgl. bezüglich einer Schrift unter diesem Titel auch oben u. Anmerk. 73.

[73]) In einer Handschrift der Bibliotheca Laurentiana zu Florenz. Diese
Handschrift hat nach Bandini (Catalogus codicum graecorum bibliothecae
Laurentianae — —, T. III [Florentiae 1770], p. 349 sq.) unter obiger Ueber-
schrift plura capita, quorum primum *περὶ τοῦ θείου ὕδατος*, inc. *Τοῦτό ἐστι*

aufgeführt, so z. B. von Schmieder[74]). Als eine selbstständige
bespricht sie, nach einer Pariser Handschrift, auch Höfer[75]) in
eingehender Weise, unter Mittheilung eines grösseren Stückes in
französischer Uebersetzung, einzelner anderer ihm wichtig erschei-
nender Stellen und einiger in jener Handschrift enthaltenen Figuren: einer mystischen und einer Abbildung eines Destillations-
apparates, für welche wiederum die Anhaltspunkte zur Beurtheilung, wie alt sie sei, fehlen[76]). — Mindestens sehr wahrscheinlich
ist es mir, dass ein unter ähnlichem Titel als in einigen Sammlungen alchemistischer Schriften vorkommend angegebener Aufsatz
mit dem oben besprochenen identisch sei[77]).

τὸ θεῖον καὶ μέγα μυστήριον — —, alterum περὶ τριβήκου καὶ σωλῆνος (vgl.
S. 174 f.), tertium περὶ τῆς ἐξατμήσεως τοῦ θείου ὕδατος τοῦ πήσαντος τὸν
ὑδράργυρον, quartum περὶ τοῦ αὐτοῦ θείου ὕδατος.
[74]) Geschichte der Alchemie, S. 69.
[75]) Histoire de la chimie, T. I, 1. éd., p. 259 ss.; 2. éd., p. 268 ss. Höfer bespricht sie als ein Fragment sur l'eau divine; der von ihm gegebene
Anfang (Le Mystère que l'on cherche à découvrir est grand et divin) entspricht dem oben angegebenen.
[76]) Borrichius hat diesen Apparat unter denen, für welche er die Abbildungen mitgetheilt hat (vgl. S. 177), nicht.
[77]) Der von Höfer a. e. a. O. besprochene Aufsatz ist wohl der in der
Pariser Handschrift Nr. 2249 enthaltene, welcher im Catalogus codicum manuscriptorum bibliothecae regiae, T. II [Parisiis 1740], p. 470, in Lenglet du
Fresnoy's Histoire de la philosophie hermétique [à la Haye, 1742], T. III,
p. 9 unter dem Titel: de aqua divina angeführt ist. Als in der Pariser Handschrift Nr. 2252 enthalten wird im Catalogus — —, T. II, p. 471, bei Lenglet du Fresnoy T. III, p. 12 ein Aufsatz des Zosimos unter dem Titel:
Genuinae commentationes de aqua divina angeführt. Mit dem letzteren ist
wohl identisch ein von Miller (a. Anm. 56 a. O., p. 147 u. 148) als in einer
Handschrift der Bibliothek des Escurials zweimal enthalten angeführter Aufsatz des Zosimos: „Γνήσια ὑπομνήματα. Incipit: Περὶ τοῦ θείου ὕδατος".
Derselbe Aufsatz findet sich in einer auf der Turiner Bibliothek befindlichen
Handschrift (Codices manuscripti bibliothecae regii Taurinensis athenaei, T. I
[Taurini 1749], p. 177), unter dem Titel: Ζωσίμου τοῦ Πανοπολίτου γνήσια
ὑπομνήματα περὶ τοῦ θείου ὕδατος und mit dem Anfang: Τοῦτο ἔστι τὸ θεῖον
καὶ μέγα μυστήριον — —; das ist derselbe Anfang wie der oben für die
Schrift περὶ τοῦ θείου ὕδατος angegebene. Ein Aufsatz des Zosimos de virtute et de divina aqua wird auch angeführt als vorkommend in einer Handschrift der Bibliotheca Ambrosiana zu Mailand (Montfaucon's Palaeographia
graeca [Parisiis 1708], p. 373 sqq. und Montfaucon's Bibliotheca bibliothecarum manuscriptorum nova [Parisiis 1739], p. 529). In einer Handschrift
einer Bibliothek zu Montpellier (Montfaucon's Bibliotheca bibliothecarum — —, p. 1200) seien enthalten Zosimi genuina documenta de divina aqua. —

12*

Mit der eben besprochenen Schrift über das göttliche Wasser ist vielleicht eine andere, allerdings unter wesentlich verschiedenem Titel vorkommende manchmal verwechselt worden [78]), für welche während längerer Zeit höchstens die Anfangsworte allgemeiner bekannt waren, und zwar theilweise so, dass in diesen Einzelnes in der That an jene Schrift erinnert. — Von Borrichius wird, als von ihm auf der Pariser Bibliothek eingesehen, genannt [79]) *Ζωσίμου περὶ ἀρετῆς συνθέσεως ὑδάτων*, und wohl dieselbe Schrift meint er, wenn er später [80]) Zosimi opusculum de compositione aquarum anführt. Auch Fabricius [81]) fand in einer Pariser Handschrift, von welcher er nach einer ihm zugekommenen Abschrift Nachricht gegeben hat, den Titel dieser Schrift: *Ζωσίμου περὶ ἀρετῆς συνθέσεως ὑδάτων*, den Anfang derselben: *Θέσις ὑδάτων καὶ κίνησις καὶ αὔξησις καὶ ἀποσωμάτωσις. Παραινέσεις. Τοῦτο τὸ θεῖον ὕδωρ* — —. Die Pariser Bibliothèque impériale hat diese Schrift in mehreren handschriftlichen Sammlungen; in den älteren Katalogen ist sie einmal als eine Schrift des Zosimos de virtute et compositione aquarum [82]), einmal unter dem Titel: de virtute et compositione aquarum actiones tres [83]) aufgeführt. Diese Schrift findet sich auch in einer Florentiner Handschrift [84]). Die in dem

---

Darüber, dass die von Reinesius (Variae lectiones [Altenburgi 1640], p. 381) und von Gruner (Zosimi de zythorum confectione fragmentum [Solisbaci 1814], p. 8) angeführte Schrift des Zosimos: *Περὶ ἐξατμίσεως τοῦ θείου ὕδατος* ein Kapitel aus einer anderen grösseren Schrift zu sein scheint, vgl. oben die Anmerk. 73.

[78]) Schmieder erwähnt in seiner Geschichte der Alchemie dieser letzteren, jetzt oben zu besprechenden Schrift gar nicht. — Eine etwas confuse Angabe hat die S. 178 Anmerk. 66 citirte Nova librorum rariorum conlectio a. a. O. für eine Breslauer Handschrift: darin sei auch enthalten Zosimi de virtute caelesti divinae aquae.

[79]) Hermetis, Aegyptiorum et chemicorum sapientia — — [Hafniae 1674], p. 49.

[80]) Conspectus scriptorum chemicorum celebriorum; in Mangeti bibliotheca chemica curiosa, T. I, p. 39.

[81]) Bibliotheca graeca, Vol. XII [Hamburgi 1724], p. 761.

[82]) Catalogus codicum manuscriptorum bibliothecae regiae, T. II [Parisiis 1740], p. 470; Lenglet du Fresnoy's Histoire de la philosophie hermétique [à la Haye, 1742], T. III, p. 9 (Cod. 2249).

[83]) Catalogus — —, T. II, p. 471; Lenglet du Fresnoy — —, T. III, p. 12 (Cod. 2252).

[84]) Catalogus codicum graecorum bibliothecae Laurentianae — —, auctore A. M. Bandinio, T. III [Florentiae 1770], p. 350: *Ζωσίμου ἀρετῆς περὶ συν-*

11ten oder 12ten Jahrhundert abgeschriebene, der Marcus-Bibliothek zu Venedig angehörig gewesene Sammlung alchemistischer
Aufsätze hat diese Schrift gleichfalls; sie wird in dem Katalog[85])
kurzhin als: Zosimi *Περὶ ἀρετῆς* angeführt, aber durch die Angabe
der Anfangsworte: *Θέσις ὑδάτων* identificirt. Eine in der Bibliothek des Escurial befindliche, überhaupt mit dieser Venetianer
Handschrift ziemlich übereinstimmende Sammlung hat dieselbe
Schrift unter dem nämlichen Titel[86]); in einer anderen handschriftlichen Sammlung dieser Bibliothek findet sich dieselbe Schrift
unter dem Titel *Περὶ συνθέσεως ὑδάτων πράξεις γ'* (an die Bezeichnung in der einen Pariser Handschrift erinnernd), durch die
Angabe der Anfangsworte: *Θέσις ὑδάτων καὶ κίνησις — — identificirt*[87]). Und endlich findet sich diese Schrift auch noch in den
Sammlungen alchemistischer Aufsätze, welche die Bibliotheken zu
Wien[88]), zu München[89]) und zu Oxford[90]) besitzen, immer unter
dem Titel: *Ζωσίμου τοῦ θείου περὶ ἀρετῆς* und mit dem Anfang:
Θέσις ὑδάτων καὶ κίνησις καὶ αὔξησις — —; und wahrscheinlich auch

---

θίσεως ἱδάτων; Zosimi de virtute compositionis aquarum tractatus in tres
πράξεις seu lectiones divisus. Inc. *Θέσις ἱδάτων καὶ κίνησις καὶ αὔξησις — —*.

[85]) Graeca D. Marci Bibliotheca codicum manu scriptorum [Venetiis 1740],
p. 140; auch Palladii de febribus concisa synopsis — — cum notis J. S. Bernard [Lugduni Batavorum 1745], p. 112. *Ζωσίμου τοῦ θείου Πανοπολίτου
περὶ ἀρετῆς* ist die Anführung dieses Aufsatzes in der in dieser Sammlung selbst
befindlichen Inhaltsangabe, nach d'Orville's Abschrift derselben (auch im
Anhang zur Bernard'schen Ausgabe von des Palladios Schrift über die Fieber, p. 115). Zosimi de virtute ist entsprechend in Morelli's Beschreibung
dieses Codex (Bibliotheca manuscripta graeca et latina, T. I [Bassani 1802],
p. 175) der fragliche Aufsatz benannt.

[86]) „Zosime, *Περὶ ἀρετῆς κ. τ. λ.*" in Miller's Catalogue des manuscrits
grecs de la bibliothèque de l'Escurial [Paris 1848], p. 418.

[87]) Daselbst, p. 147.

[88]) Lambecii Commentariorum de bibliotheca caes. vindobon. L. VI., ed.
Kollarii [Vindobonae 1780], p. 400.

[89]) Catalogus codicum manuscriptorum graecorum bibliothecae regiae
bavaricae, auctore J. Hardt, T. II [Monachii 1806], p. 24. Hardt hat irrthümlich diesen Aufsatz mit dem, was Fabricius bezüglich der S. 197 besprochenen Schrift *Ζωσίμου τοῦ θείου περὶ ἀρετῆς καὶ ἑρμενείας* angegeben
hat, verglichen, und konnte natürlich dieses in jenem nicht finden.

[90]) Catalogi codicum manuscriptorum bibliothecae Bodleianae Pars III.
codices graecos et latinos Canonicianos complectens, auctore H. O. Coxe [Oxo-
nii 1854], p. 88.

in Handschriften der Bibliotheken zu Gotha [91]), zu Mailand [92]) und
zu Montpellier [93]); auszugsweise auch in einer Handschrift der Bibliothek zu Leyden [94]). — Bezüglich des Inhaltes dieser Schrift ist
erst in neuerer Zeit durch Höfer Näheres bekannt geworden, welcher nach den zwei auf der kaiserlichen Bibliothek zu Paris befindlichen Handschriften Stücke des griechischen Textes veröffentlicht [95]) und auch in französischer Uebersetzung gegeben hat [96]).
Hiernach ist in dieser Schrift eine, bis zur Unverständlichkeit mystische, Allegorie der Metallverwandlung gegeben, in Form eines
Traumes, in welchem dem seinen Traum Erzählenden die bei der
Metallveredlung in Betracht kommenden Substanzen (unedle und
edle Metalle) personificirt erscheinen; was als aus dem Gesehenen
für die Erkenntniss sich ergebend hervorgehoben ist, lässt keinen
Zweifel über die alchemistische Bedeutung des Ganzen. Eines
Auszuges ist das von Höfer Mitgetheilte nicht wohl fähig; ich
verweise auf es, als ein characteristisches Specimen unverständlicher frühester chemischer Litteratur.

Ueber ungelöschten Kalk sollte man, nach der gewöhnlich für
$\dot\eta$ ἄσβεστος angegebenen Bedeutung, Etwas zu finden erwarten in
einer dem Zosimos beigelegten Schrift, bezüglich deren jedoch
die Angaben nicht übereinstimmend sind, auch Etwas enthalten,

---

91) Jacobs u. Ukert's Beiträge zur ältern Litteratur o. Merkwürdigkeiten der herzogl. Bibliothek zu Gotha, Bd. I, Hft. 2 [Leipzig 1835], S. 217:
Ζωσίμου τοῦ θείου περὶ ἀρετῆς [συνθέσεως ὑδάτων].

92) Montfaucon in Palaeographia graeca [Parisiis 1708], p. 373 und in
Bibliotheca bibliothecarum manuscriptorum nova [Parisiis 1739], p. 529: Zosimi divini, de virtute et de divina aqua.

93) Montfaucon in Bibliotheca bibliothecarum — —, p. 1200: Zosimi,
de compositione aquarum.

94) Lettres à M. Letronne sur les papyrus bilingues et grecs — — du
musée d'antiquités de l'université de Leide, par C. J. C. Reuvens [à Leide,
1830], III. lettre, p. 74: ἐκ τῶν περὶ ἀρετῆς τοῦ θείου Ζωσίμου.

95) Histoire de la chimie, 1. éd., T. I [Paris 1842], p. 498; 2. éd., T. I.
[Paris 1866], p. 524. Als Titel ist hier gegeben: Ζωσίμου τοῦ θείου, περὶ
ἀρετῆς καὶ συνθέσεως ὑδάτων πράξεις; als Anfang (mit dem von Fabricius
gegebenen nicht übereinstimmend): Θέσις ὑδάτων καὶ κίνησις καὶ αὔξησις
καὶ ἀποσωμάτωσις καὶ ἐπισωμάτωσις καὶ ἀποσπασμὸς πνεύματος ἀπὸ σώματος,
καὶ σύνδεσμος πνεύματος ἐπὶ σώματος.

96) A. e. a. O., 1. éd., T. I, p. 256 und 2. éd., T. I., p. 264.

was die Echtheit derselben bezweifeln lassen kann. Eine Schrift des Zosimos περὶ ποιήσεως ἀσβέστου wird von Reinesius[97]) angeführt. Ζωσίμου περὶ τῆς ἀσβέστου wird von Borrichius[98]) unter den Schriften des Zosimos genannt, mit welchen er auf der Pariser Bibliothek bekannt geworden sei. Ein Aufsatz unter demselben Titel, wie ihn Borrichius gegeben, und mit dem An-fang: Λαβὼν ἀλαβάστρινον λίθον, ὄπτα νυχθήμερον — — war in der dem Fabricius zugekommenen Abschrift einer Pariser Hand-schrift enthalten[99]). Fabricius giebt an, dass in diesem Aufsatz Stephanos citirt sei, was, wie schon S. 168 bemerkt, die Echtheit dieser Schrift mindestens sehr zweifelhaft sein liesse, mir aber noch nicht gewiss ist[100]); ferner dass Zosimos hier mit christlichen Worten Gott preise; endlich dass er auch ein chemisches Räthsel (in Versen) gebe, welches ich, wenn ich zur Zusammenstellung des bezüglich älterer chemischer Räthsel mir bekannt Gewordenen komme, wohl da noch anführe. Aber aus dem, was über die Handschriften der jetzt kaiserlichen Bibliothek zu Paris mir be-kannt geworden ist[101]), habe ich Nichts auf eine Schrift des Zo-simos περὶ τῆς ἀσβέστου Bezügliches notirt. In den handschrift-lichen Sammlungen einiger anderen Bibliotheken findet sich eine Schrift unter diesem Titel, doch mit anderem Anfang, als Fabri-cius gegeben: so in der auf der Marcus-Bibliothek zu Venedig ge-

---

⁹⁷) Variae lectiones [Altenburgi 1640], p. 381. Die von Reinesius ein-gesehene Sammlung griechischer alchemistischer Aufsätze war die Altenburger o. Gothaer Handschrift; in dieser ist nach Jacobs (vgl. Dessen u. Ukert's in Anmerk. 91 citirte Schrift, Bd. I, Hft. 2, S. 217) enthalten, hinter einem anderen Aufsatze von Zosimos und anscheinend auch Diesem zugeschrieben: Περὶ τῆς ἀσβέστου.

⁹⁸) Hermetis, Aegyptiorum et chemicorum sapientia — — [Hafniae 1674], p. 49. Zosimi libellum de asbesto nennt sein Conspectus scriptorum chemi-corum celebriorum (in Mangeti Bibliotheca chemica curiosa, T. I, p. 39).

⁹⁹) Fabricii Bibliotheca graeca, Vol. XII [Hamburgi 1724], p. 767.

¹⁰⁰) Fabricius' Angabe ist: Citatur Stephanus, διὸ ὁ Στέφανος τῶν φιλο-σόφων φησίν. Aber es erscheint mir natürlicher, anzunehmen, dass hier nicht der Personennamen Stephanus gesetzt sondern dass zu lesen sei: ὁ στέφα-νος τῶν φιλοσόφων, die Krone der Philosophen, als Bezeichnung einer alche-mistischen Autorität. Wird doch gerade Zosimos selbst auch als τὸ στέφος τῶν φιλοσόφων von Olympiodoros gepriesen (vgl. Zosimi de zythorum confec-tione fragmentum ed. Gruner [Solisbaci 1814], p. 7; Höfer's Histoire de la chimie, 2. éd., T. I, p. 274).

¹⁰¹) Aus dem oft citirten Katalog von 1740; aus dem von Lenglet du Fres-

wesenen [102]), so in Handschriften der Bibliothek des Escurials [103]), der Bibliotheca Laurentiana zu Florenz [104]) und der Bodleyanischen Bibliothek zu Oxford [105]).

In der dem **Fabricius** zugekommenen Abschrift einer Pariser Handschrift war auch enthalten [106]): *Ζωσίμου πρᾶξις καὶ ὅραμα περὶ τῆς συνθέσεως τῶν ὑγρῶν*, mit dem Anfang: *Μόλις ποτὲ εἰς ἐπιθυ· μίαν ἐλθὼν τοῦ ἀναβῆναι τὰς ἑπτὰ κλίμακας — —*; ich erinnere mich nicht, einer Angabe über diese Schrift irgendwo sonst begegnet zu sein.

---

noy in seiner Histoire de la philosophie hermétique, von **Höfer** in seiner Histoire de la chimie Mitgetheilten u. a.

[102]) J. Morellii Bibliotheca manuscripta graeca et latina, T. I [Bassani 1802], p. 175: Zosimi de asbesto. Incipit: *Ζώσιμος λέγει περὶ τοῦ ἀσβέστου . Δῆλα ἡμῖν ποιοῦμαι — —*. Der 1740 veröffentlichte Handschriften-Katalog der Marcus-Bibliothek und die im Anhang zu **Bernard's** Ausgabe von des **Palladios** Schrift über Fieber (Leyden 1745, p. 114 sqq.) veröffentlichte Abschrift des alten Inhalts-Verzeichnisses dieser Sammlung durch d'**Orville** enthalten eine Erwähnung dieses Aufsatzes *περὶ τῆς ἀσβέστου* nicht, welcher vielleicht als zu der hier vorhergehenden, oben besprochenen Schrift *περὶ ἀρετῆς* gehörig betrachtet wurde. Hinter dieser Schrift steht jener Aufsatz auch in der gleich zu erwähnenden Oxforder Handschrift; aber räumlich ganz davon getrennt hat ihn **Fabricius** in der Angabe des Inhalts der Abschrift einer Pariser Handschrift (vgl. Anmerk. 99), und ebenso die gleich anzuführende Handschrift des Escurials, so dass mir doch die Annahme, jener Aufsatz gehöre zu dieser Schrift, nach dem jetzt Vorliegenden nicht zulässig erscheint.

[103]) Catalogue des manuscrits grecs de la bibliothèque de l'Escurial, par E. Miller [Paris 1848], p. 146; *Ὁ Ζώσιμος ἔφη περὶ τῆς ἀσβέστου.* Inc. *Δῆλα ἡμῖν ποιούμενος — —*, ist die hier bezüglich dieses Aufsatzes gegebene Nachricht.

[104]) Catalogus codicum graecorum bibliothecae Laurentianae — —, auctore A. M. Bandinio, T. III [Florentiae 1770], p. 355; Titel und Anfang (es ist ein grösseres Stück des Anfangs mitgetheilt) sind hier gerade so, wie in der vorhergehenden Anmerkung steht, angegeben.

[105]) Catalogi codicum manuscriptorum bibliothecae Bodleianae Pars III., auct. H. O. Coxe [Oxonii 1854], p. 89: Zosimi libellus de asbesti confectione. Inscribitur et incip.: *Ζώσιμος λέγει· περὶ τῆς ἀσβέστου δῆλα ἡμῖν ποιοῦμαι.* — Für eine handschriftliche Sammlung alchemistischer Aufsätze, die auf einer Bibliothek zu Montpellier befindlich war oder ist, wurde angegeben (**Montfaucon's** Bibliotheca bibliothecarum manuscriptorum nova [Parisiis 1739], p. 1200), dass in ihr auch enthalten sei, quae sit illa veterum *ἄσβεστος*, aber ohne dass der Verfasser dieses Aufsatzes genannt wäre. Und nach **Gruner** (Zosimi de zythorum confectione fragm. [Solisbaci 1814], p. 8) soll **Zosimos** u. a. geschrieben haben *οἰκονομίαν τῆς ἀσβέστου* und ferner *ποίησιν κρυσταλλίων καὶ στάκτης, καὶ ἀσβέστου*.

[106]) Fabricii Bibliotheca graeca, Vol. XII [Hamburgi 1724], p. 767.

Olympiodoros, welcher in die erste Hälfte des 5ten Jahrhunderts gesetzt wird, hat in einem Commentar zu einer Schrift
des Zosimos Einiges, was aus der Schlussschrift des Zosimos
an die Theosebia, τῇ τελευταίᾳ ἀποχῇ [107]) πρὸς Θεοσέβειαν,
entnommen sei. Fabricius [108]) hat nach einer Abschrift einer
Pariser Handschrift die betreffende, ziemlich lange Stelle veröffentlicht, mit der Bemerkung, dass sie sich auch, und nicht
vollständiger, in einem Aufsatze finde, welcher [109]) in den Hand-

---

[107]) Ich bin damit, was das Wort ἀποχή hier ausdrücken soll, nicht ganz
im Reinen. Als Bedeutungen desselben findet man angegeben: Entfernung;
Enthaltsamkeit; Quittung (so auch hat Stephani Thesaurus linguae graecae
in der Hase-Dindorf'schen Ausgabe Vol. I, Pars II [Parisiis 1831—1856],
p. 1794 als Bedeutungen: distantia; abstinentia; und quod vulgo quitanciam
appellant; keine dieser Bedeutungen passt hier.
[108]) Bibliotheca graeca, Vol. XII [Hamburgi 1724], p. 765. Dieselbe Stelle
aus der Schrift des Olympiodoros hat nach der Altenburger o. Gothaer
Handschrift, unter Angabe der Varianten, einiger Worterklärungen und Conjecturen, auch C. G. Gruner in seiner Schrift: Isidis, Christiani et Pappi
philosophi jusjurandum chemicum [Jenae 1807], p. 10 sqq. mitgetheilt. Auch
dem Olympiodoros entnommen ist das Fragment, welches Höfer (Histoire
de la chimie, 2. éd., Vol. I [Paris 1866], p. 532) unter der Ueberschrift: Al-
chimie des Egyptiens veröffentlicht hat. Was Fabricius a. e. a. O. mitgetheilt hat, findet sich im Wesentlichen auch in dem von Höfer Veröffentlichten; aber das letztere ist vollständiger, hat vor der Anführung dessen,
was Zosimos sage (dieses wird eingeleitet mit den Worten: Ὁ Ζώσιμος τοίνυν ἐν τῇ τελευταίᾳ ἀποχῇ, πρὸς τὴν Θεοσέβειαν ποιούμενος τὸν λόγον, φησίν·
ὅλον τὸ τῆς Αἰγύπτου βασίλειον, ὦ γύναι, ἀπὸ τῶν τριῶν τούτων τεχνῶν συνέ-
στηκε, τῶν τε καιρικῶν, καὶ τῶν φυσικῶν καὶ τῶν ψάμμων), noch mehrere
Stücke (aus Olympiodoros), und am Schlusse jener Anführung einige
Zeilen mehr. Höfer hat seiner Veröffentlichung den Cod. 2250 der kaiserl.
Bibliothek zu Paris zu Grunde gelegt, und Varianten aus Cod. 2251 mitgetheilt; für eine Bearbeitung dieses Fragmentes aus Zosimos' Schriften dürfte
auch Cod. 2249 derselben Bibliothek von Wichtigkeit sein (Höfer a. e. a. O.
p. 273: Ces commentaires [d'Olympiodore] — — se retrouvent aussi dans le ms.
2249, fol. 76, mais avec beaucoup de variantes et quelques lacunes), und jedenfalls auch das (von Höfer nicht erwähnte) von Fabricius a. e. a. O. Mitgetheilte, welches auch im Vergleich zu dem von Höfer gegebenen Texte
zahlreiche Varianten bietet. Auf den Inhalt dieses Fragmentes, von welchem
Höfer a. e. a. O., p. 275 ein Resumé bezüglich des darin über die Betreibung der Alchemie in Aegypten Berichteten gegeben hat, gehe ich hier nicht
ein; ein Stück desselben wurde schon S. 90 ff. mitgetheilt und besprochen, und
auf ein anderes komme ich da zurück, wo ich die älteren Aufzählungen der
alchemistischen Autoritäten zusammenstelle.
[109]) Bibl. gr., Vol. XII, p. 771. Fabricius äussert sich hier bezüglich des
Inhalts dieses Fragmentes, auf das vorher (daselbst, p. 765; vgl. Anmerk. 108)

schriften als *Ζωσίμου Θηβαίου μυστικὴ βίβλος* betitelt sei und
den Anfang habe: *ἔνθεν βεβαιοῦται ἄλλη τις βίβλου. Ζώσιμος Θεοσεβείᾳ χαίρειν. Ὅλον τὸ τῆς Αἰγύπτου βασίλειον, ὦ γύναι,
ἀπὸ τῶν δύο τούτων τῶν τεχνῶν ἐστιν — —;* ganz so im Wesentlichen ist auch der Anfang der Stelle bei Olympiodoros. Als
erstes Buch der Schlussschrift des Zosimos, unter der Ueberschrift: *Τὸ α΄ βιβλίον τῆς τελευταίας ἀποχῆς Ζωσίμου Θηβαίου*, mit
ganz demselben Anfang und (so weit es sich beurtheilen lässt)
mit demselben Inhalt, kommt ein Aufsatz in einer Florentiner
Handschrift vor [110]. — Von Borrichius [111]) werden, da wo er die
von ihm auf der Pariser Bibliothek durchgegangenen Schriften
des Zosimos aufzählt, getrennt angeführt *Ζωσίμου τελευταία ἀπο-
χὴ πρὸς Θεοσέβειαν* und *Ζωσίμου μυστικὴ βίβλος*; es ist weiter
nicht zu ersehen, ob und in wie fern er beide Schriften als verschiedene betrachtet habe [112]. Ueber den Aufsatz in einer Pariser
Handschrift, welcher als Zosimi Thebani liber mysticus verzeichnet ist [113]), ist mir sonst Nichts bekannt geworden. Verschieden

bei Gelegenheit der Schrift des Olympiodoros Mitgetheilte Bezug neh-
mend: Narrat in hoc apospasmatio Zosimus artem ab Aegyptiis diligentissime
clam habitam, qui vero eam exercuissent, in regum usus id fecisse, solis autem proditum Judaeis, ut ex Olympiodoro retuli. Mentio libri Hermetis, cui
titulus *φυσικαὶ βαφαί*, et Democriti, qui solus ex antiquis aliquid de arte pro-
diderit.

110) Catalogus codicum graecorum bibliothecae Laurentianae — —, auctore A. M. Bandinio, T. III [Florentiae 1770], p. 354.

111) Hermetis, Aegyptiorum et chemicorum sapientia — — [Hafniae 1674],
p. 49.

112) Sein Conspectus scriptorum chemicorum celebriorum (in Mangeti
Bibliotheca chemica curiosa, T. I, p. 39) nennt (in cap. VI) am Ende der Aufzählung der Schriften des Zosimos: tandem et Zosimi Thebani libellum
mysticum, item Zosimi scriptum ad Theosebejam. Als *ἐν τῇ μυστικῇ βίβλῳ*
enthalten hat Borrichius in seiner Schrift: Hermetis, Aegyptiorum et chemicorum sapientia [Hafniae 1674], p. 50 eine längere Stelle in griechischem
Texte und lateinischer Uebersetzung (letztere auch als dem Libro mystico
entnommen in seinem Conspectus scriptorum chemicorum celebriorum, cap. V)
mitgetheilt, welche dem Sinne nach wohl dem von Fabricius (Bibl. gr.,
Vol. XII, p. 771; vgl. Anmerk. 109) über diese Schrift Angegebenen entspricht, aber sich in dem von Fabricius (Bibl. gr., Vol. XII, p. 765) und von
Höfer (Histoire de la chimie, 2. éd., T. I, p. 532 s.) nach Olympiodoros
aus der Schlussschrift des Zosimos an die Theosebia (vgl. oben) Mitgetheilten nicht so findet.

113) Catalogus codicum manuscriptorum bibliothecae regiae, T. II [Pari-

von dem, was Fabricius veröffentlicht hat, ist jedoch vielleicht der in einer Handschrift der Bibliothek des Escurials befindliche Aufsatz, welcher [114]) als livre mystique de Zosime, aber mit dem Anfang: Τῆς σελήνης σταϑμός — — aufgeführt wird [115]). Mir nicht näher bestimmbar ist auch ein in einer Florentiner Handschrift enthaltener, mindestens ähnlich betitelter Aufsatz [116]).

Ist die Schlussschrift des Zosimos an die Theosebia, aus welcher uns nach dem Vorhergehenden Einiges erhalten wäre, ein Stück der chemischen Schriften, welche (vgl. S. 163 f.) nach Suidas' Angabe, nach alphabetischer Ordnung abgefasst und zu 28 Büchern geordnet, Zosimos an seine Schwester Theosebia gerichtet hat [117])? Und in welcher Beziehung stehen diese Schriften zu den 35 Kapiteln über die heilige Kunst, die uns als von Zosimos an

---

siis 1740], p. 484; Lenglet du Fresnoy's Histoire de la philosophie hermétique [à la Haye, 1742], T. III, p. 16. „Μυστικά, Geheimnisse, wovon eine Handschrift in der Pariser Bibliothek ist" hat Schmieder (Geschichte der Alchemie, S. 70), wohl dieselbe Schrift unter unrichtigem Titel aufführend. Dieser Handschrift hat Borrichius wahrscheinlich das von ihm Mitgetheilte (vgl. die vorhergehende Anmerkung) entnommen.

[114]) Catalogue des manuscrits grecs de la bibliothèque de l'Escurial, par E. Miller [Paris 1848], p. 149.

[115]) Diese Anfangsworte finden sich in dem, was Fabricius aus Olympiodoros mitgetheilt hat, überhaupt nicht. — Ein Zosimi liber mysticus ist auch angegeben worden als in einer Handschrift einer Bibliothek zu Montpellier enthalten (Montfaucon's Bibliotheca bibliothecarum manuscriptorum nova [Parisiis 1739], p. 1200).

[116]) Bandini's in Anmerk. 110 citirter Katalog hat (T. III, p. 354) als darin enthalten unter Einer Nummer verschiedene alchemistische Schriften: des Aegypters Sophe, des Herren Sabaoth und Ζωσίμου Θηβαίου μυστικοῦ; die Anfangsworte der letzteren Schrift sind nicht angegeben.

[117]) Im 16ten Jahrhundert findet man, was von Vorkommen alchemistischer Schriften des Zosimos dunkel bekannt war, zu diesen an die Theosebia gerichteten Schriften in Bezug gebracht. Zu C. Gesner's (Bibliotheca universalis — — [Tiguri 1545], f. 631 v⁰) Angabe: Zosimus Alexandrinus philosophus scripsit Chymeutica, sive Chirocmata id est manualia ad Theosebiam sororem libris XXVIII, ordine literarum, et vitam D. Platonis. Suidas hat eine spätere Ausgabe (Bibliotheca instituta et collecta primum a C. Gesnero, deinde in Epitomen redacta — — per J. Simlerum [Tiguri 1574], p. 691) noch den Zusatz: Audio in Italia servari in quibusdam bibliothecis Zosimi et XIIII auctorum scripta de arte sacra, falsa tamen et supposititia.

eine Eusebia gerichtet genannt werden? Denn ein solches Werk
des Zosimos scheint sich in einer Sammlung alchemistischer
Schriften befunden zu haben, von welcher uns eine, aber mit
dem Original nicht ganz übereinstimmende Abschrift in der schon
öfter erwähnten, aus dem 11ten oder 12ten Jahrhundert stammenden Handschrift zugekommen ist, welche der Marcus-Bibliothek
zu Venedig zugehörte. Diese Abschrift enthält noch die Inhaltsangabe der ursprünglichen Sammlung, und in dieser Inhaltsangabe kommt, nach d'Orville's Copie derselben [118]), auch Ζωσίμου
φιλοσόφου πρὸς Εὐσέβειαν περὶ τῆς ἱερᾶς καὶ θείας τέχνης κεφάλαια λε̄ vor. Ist durch einen Schreibfehler die Theosebia zur
Eusebia geworden, oder hat Zosimos ausser zu seiner Schwester
noch zu einer anderen Dame in solchen Beziehungen als wissen-
schaftlicher Correspondent gestanden? Ich weiss hierauf keine
Antwort zu geben; die Venetianer Handschrift, in welcher man
dieses Werk zunächst suchen möchte, enthält es nicht, wie man
daraus schliessen darf, dass weder der ältere Katalog der griechischen Manuscripte der Marcus-Bibliothek [119]) noch Morelli's Bericht bezüglich dieser Handschrift [120]) desselben erwähnt [121]). Vielleicht ist diese an die Eusebia gerichtete Schrift des Zosimos in
einer, mit jener Venetianer Handschrift ziemlich viel gemeinsam
habenden Handschrift der Bibliothek des Escurial uns erhalten [122]).

---

[118]) Im Anhang zu Bernard's Ausgabe der Schrift des Palladios von
den Fiebern (vgl. Anmerk. 53), p. 116.
[119]) Graeca D. Marci bibliotheca codicum manu scriptorum [Venetiis 1740],
wo die betreffende Handschrift p. 140 sq. besprochen ist.
[120]) J. Morellii Bibliotheca manuscripta graeca et latina, T. I [Bassani
1802], wo die betreffende Handschrift S. 172 bis 178 besprochen ist.
[121]) Die Inhaltsangabe der Sammlung nennt mehrere Aufsätze, welche in
der auf uns gekommenen Abschrift der Sammlung nicht enthalten sind, so
weit sich aus dem über diese Abschrift bekannt Gewordenen urtheilen
lässt.
[122]) Für diese Handschrift giebt Miller (Catalogue des manuscrits grecs
de la bibliothèque de l'Escurial [Paris 1848], p. 418) als darin enthalten an:
Zosime à Eusebia, sur l'art sacré. Man könnte allerdings ungewiss sein, ob
nicht Miller für sein Verzeichniss der in dieser Handschrift enthaltenen Aufsätze die oben besprochene, auch in dieser Handschrift befindliche ältere
Inhaltsangabe benutzt habe; aber er hat sonst auch angegeben, wo in dieser
Inhaltsangabe genannte Aufsätze in der Handschrift fehlen.

Bei Reinesius [123]) wird genannt: Zosimus Panopolitanus itidem chemicus scriptor et ποιητὴς τοῦ μυστηρίου, τῆς Ἰμοὺθ πρὸς Θεοσέβειαν, de chemia ad Theosebiam sororem; und derselbe Gelehrte spricht später noch einmal [124]) von den libris Ἰμοὺθ πρὸς Θεοσέβειαν ἀδελφήν, quos 24 fuisse dicit Suidas, a Zosimo Panopolita conscriptis de chemia. Den Titel dieses Werkes Imuth specificirt etwas genauer Boerhave in der Uebersicht der chemischen Litteratur, welche seine Elementa chemiae enthalten [125]): Ζώσιμος. Ἰμόνθ ad Θεοσέβειαν. Cujus titulus: Ζωσίμου τοῦ Πανοπολίτου γνησία γραφὴ περὶ τῆς ἱερᾶς καὶ θείας τέχνης τοῦ χρυσοῦ καὶ ἀργυρίου ποιήσιος. Eine Schrift des Zosimos unter dem letzteren Titel findet sich in den Sammlungen alchemistischer Aufsätze mehrmals; schwieriger ist es, zu entscheiden, in wiefern gerade ihr die Bezeichnung Imuth zukomme; vgl. unten (S. 193 f.). Unter den von Borrichius auf der Pariser Bibliothek eingesehenen Schriften des Zosimos wird von Ersterem [126]) auch Ζωσίμου τοῦ Πανοπολίτου γνησία γραφὴ περὶ τῆς ἱερᾶς καὶ θείας τέχνης τῆς τοῦ ☉ καὶ ☽ ποιήσεως genannt. Denselben Aufsatz, unter demselben Titel und mit dem Anfang: Λαβὼν τὴν ψυχὴν τοῦ ♀ τὴν οὖσαν ἐπάνω τοῦ ὕδατος τῆς ☽ — —, fand Fabricius [127]) in der ihm zugekommenen Abschrift einer Pariser Handschrift. Zwei jetzt noch auf der kaiserlichen Bibliothek zu Paris befindliche Handschriften haben diesen Aufsatz [128]); Höfer [129]) hat auf Grund des-

---

[123]) Variae lectiones [Altenburgi 1640], p. 8.

[124]) Daselbst, p. 380.

[125]) Elementa chemiae, T. I [Lugduni Batavorum 1732], p. 12.

[126]) Hermetis, Aegyptiorum et chemicorum sapientia — — [Hafniae 1674], p. 49. Sein Conspectus scriptorum chemicorum celebriorum hat (in Mangeti Bibliotheca chemica curiosa, T. I, p. 39), wohl als dieselbe Schrift: Zosimi Panopolitae scriptum genuinum de sacra et divina arte.

[127]) Bibliotheca graeca, Vol. XII [Hamburgi 1724], p. 762. Er bemerkt noch, dass in diesem Aufsatz Demokritos und Epibechios, auch ein Ausspruch der Maria citirt werden.

[128]) Codd. 2249 u. 2251. Der bezügliche Aufsatz im ersteren Codex ist verzeichnet: Zosimus, de auri conficiendi ratione (Catalogus codicum manuscriptorum bibliothecae regiae, T. II [Parisiis 1740], p. 470; Lenglet du Fresnoy's Histoire de la philosophie hermétique [à la Haye, 1742], T. III, p. 9); der in dem letzteren Codex: Christiani alchymistae Tractatus de bona auri constitutione 53 capitibus, quorum 35. inscribitur Zosimi Panopolitae

sen, was sie enthalten, Mittheilungen über den Inhalt dieses Aufsatzes gemacht; derselbe enthält unverständliche alchemistische
Vorschriften, in welchen wesentlich das Kupfer der Ausgangspunkt
der Arbeiten gewesen zu sein scheint [130]. — Höfer erwähnt
nicht, dass der Aufsatz in der einen der von ihm eingesehenen
Handschriften zu dem in der anderen im Verhältniss eines Auszuges zu einer ausführlicheren Abhandlung stehe, wie man nach
dem früher über diese Handschriften Angegebenen vermuthen
könnte [131]. Unentschieden blieb auch das Verhältniss zwischen
dem, als von Fabricius aufgeführt, eben besprochenen Aufsatz
und einer Schrift, welche Fabricius [132]), gleichfalls aus der ihm
zugekommenen Abschrift einer Pariser Handschrift, aber doch ohne
Verweisung auf jenen Aufsatz unter dem Titel: Ζωσίμου τοῦ Πανοπολίτου γνησία γραφὴ περὶ τῆς ἱερᾶς καὶ θείας τέχνης τῆς τοῦ
☉ καὶ ☽ ποιήσεως κατ᾽ ἐπιτομὴν κεφαλαιώδη aufgeführt hat, wenn
gleich ausser der grossen Uebereinstimmung der Titel auch die
des Anfangs [133]) darauf hinwies, beide Schriften seien als mindestens

---

opus sincerum de auri et argenti faciendi sacra et divina arte, in epitomen
contractum (Catalogus — —, T. II, p. 471; Lenglet du Fresnoy — —,
T. III, p. 11). Was ist der in Cod. 2275 befindliche, in den Katalogen (Catalogus — —, T. II, p. 475; Lenglet du Fresnoy — —, T. III, p. 13) als:
Zosimus Panopolita de sacra arte angeführte Aufsatz? Schmieder's Angabe
bezüglich einer Schrift περὶ τῆς ἁγίας τέχνης ist S. 171 f., Anm. 41 besprochen.

129) Histoire de la chimie, 2. éd., T. I [Paris 1866], p. 270.

130) Höfer übersetzt den Anfang: Prenez l'âme de cuivre qui se tient
au dessus de l'eau du mercure, et dégagez un corps aériforme (σῶμα πνευματικόν). Er betrachtet die Vermuthung als zulässig, die âme du cuivre könne
rothes Quecksilberoxyd und der corps aériforme Sauerstoffgas gewesen sein.
Diese Vermuthung ist wohl mehr als gewagt. Wenn übrigens die Uebersetzung Höfer's dem Anfang der Pariser Handschriften wirklich ganz entspricht, so ist dieser ein etwas anderer, als der von Fabricius angegebene.

131) Vgl. die Anmerkung 128. Höfer giebt für den Aufsatz beider
Handschriften Einen Titel: Περὶ τῆς ἱερᾶς καὶ θείας τέχνης τῆς τοῦ χρυσοῦ
καὶ ἀργύρου ποιήσεως. Er bemerkt nachher (a. a. O., p. 283) noch beiläufig,
dass dieser Aufsatz ein durch einen späteren anonymen christlichen Alchemisten gefertigter Auszug sei.

132) Bibliotheca graeca, Vol. XII [Hamburgi 1724], p. 770.

133) Den Anfang der jetzt zu besprechenden Schrift giebt Fabricius
Λαβὼν τὴν ψυχὴν τοῦ ♀ τὴν οὖσαν ἐπάνω τοῦ ὕδατος τῆς ☽ ποίησον σῶμα
πνευματικόν, ganz übereinstimmend mit dem, wie er ihn für die vorbesprochene Schrift gegeben und Höfer — bis auf das Metall, von dessen

in engstem Zusammenhang unter einander stehend zu betrachten. Mit dieser letzteren Schrift ist wohl, wie es die darüber vorliegenden Angaben sehr wahrscheinlich sein lassen, eine in einer Handschrift der Turiner Bibliothek enthaltene [134]) identisch, und wohl auch noch eine oder die andere in verschiedenen Handschriften vorkommende, für welche mir Anhaltspunkte, welche die Identität wahrscheinlicher machen oder widerlegen könnten, fehlen [135]).

Wasser hier die Rede ist — ihn für diese in den Pariser Handschriften gefunden. Fabricius bemerkt auch für die jetzt zu besprechende Schrift, dass in ihr Maria angeführt werde, was auch für die vorbesprochene der Fall ist.

[134]) Codices manuscripti bibliothecae regii Taurinensis athenaei, T. I (Taurini 1749), p. 178. Der Titel ist genau so angegeben, wie ihn Fabricius hat, nur dass das Wort κεφαλαιώδη fehlt; der Anfang: Λαβὼν τὴν ψυχὴν τοῦ χαλκοῦ — —.

[135]) In einer in der Bibliothek des Escurial befindlichen handschriftlichen Sammlung alchemistischer Aufsätze ist nach Miller (Catalogue des manuscrits grecs de la bibliothèque de l'Escurial [Paris 1848], p. 147) enthalten γνησία γραφή, sur l'art sacré, par Zosime, und dann (p. 148), noch einmal eine γνησία γραφή Desselben mit dem Anfang: Λαβὼν τὴν ψυχὴν — —. — In einer in der Pariser Bibliothek befindlichen Handschrift sind nach Catalogus codicum manuscriptorum bibliothecae regiae, T. II [Parisiis 1740], p. 483, auch Lenglet du Fresnoy's Histoire de la philosophie hermétique [à la Haye, 1742], T. III, p. 14, u. a. enthalten Zosimi Panopolitae genuini commentarii, ad idem argumentum (de sacra et divina arte) pertinentes; Höfer (Histoire, de la chimie, 2. éd., T. I [Paris 1866], p. 300) bemerkt von dieser Handschrift (Cod. 2325): On y trouve les commentaires de Synésius, de Stéphanus, quelques ouvrages do Zosime, etc., reproduits dans les manuscrits 2249 (vgl. Anmerk. 128) et 2275. In einer andern Pariser Handschrift (Cod. 2327) finden sich (Catalogus — —, T. II, p. 484; Lenglet du Fresnoy — —, T. III, p. 15) u. a. Zosimi Panopolitae commentarii de sacra arte (Höfer a. e. a. O.: On y trouve les mêmes traités que dans les manuscrits 2252, 2275 et 2325). In einer anderen Pariser Handschrift (Cod. 2329) ist (Catalogus — —, T. II, p. 485; Lenglet du Fresnoy — —, T. III, p. 17) u. a. enthalten Zosimi Panopolitae de sacra arte commentarius genuinus; Höfer nennt bei der Besprechung dieser Handschrift (a. e. a. O., p. 301) von den darin enthaltenen Aufsätzen nur wenige, unter ihnen nicht diese Schrift des Zosimos. Endlich finden sich in noch einer Pariser Handschrift (Cod. 2275; Catalogus — —, T. II, p. 475; Lenglet du Fresnoy — —, T. III, p. 13) Zosimi Panopolitae commentarius, ubi de rebus chimicis, und Zosimus Panopolita de sacra arte (in Höfer's Besprechung dieser Handschrift, a. e. a. O., p. 299, wird ein Commentaire de Zosime genannt). Als in einer Handschrift einer Bibliothek zu Montpellier enthalten wurden (Montfaucon's Bibliotheca bibliothecarum

— Mit der im Vorhergehenden zuerst als von Fabricius [136]) besprochen erwähnten Schrift ist nach Bandini [137]) eine in einer
Handschrift der Bibliotheca Laurentiana zu Florenz enthaltene
identisch, welche den Titel hat: *Ζωσίμου τοῦ Πανοπολίτου γνησία
γραφὴ περὶ τῆς ἱερᾶς καὶ θείας τέχνης τῆς τοῦ χρυσοῦ καὶ ὑδραργύρου ποιήσεως κατ' ἐπιτομὴν κεφαλαιώδη*; Anfang und Anderes
stimmen in der That mit dem von Fabricius Angegebenen [138])
ganz überein. Und mit der zweiten von Fabricius [139]) aufgeführten Schrift ist nach Bandini [140]) identisch ein in derselben Florentiner Handschrift fast unter gleichem Titel (nur mit der Ab-
weichung: *τῆς τοῦ χρυσοῦ καὶ ἀργύρου καὶ ὑδραργύρου ποιήσεως*)
vorkommender Aufsatz, für welchen er aber auch noch die auf-
klärende Auskunft giebt, dass derselbe lediglich das erste Kapitel
der anderen Schrift ist.

In dem, was ich oben (S. 185 f.) als von Zosimos an die Theosebia gerichtet und uns erhalten besprochen habe, kommt das
Wort Imuth nicht vor, mit welchem nach der Angabe Einiger (vgl.

---

manuscriptorum nova [Parisiis 1739], p. 1200) angegeben: Zosimi germana
scriptura de sacra et divina arte, de confectione ☉ et ☽; ferner Zosimi de
sacra arte in epitome; als in einer Handschrift der Phillipps'schen Bibliothek zu 'Middlehill in England enthalten (Haenel's Catalogi librorum manuscriptorum, qui in bibliothecis Galliae — — asservantur [Lipsiae 1830], p. 838)
Zosimus Panopolites de divina arte. — Schmieder's (Geschichte der Alchemie [Halle 1832], S. 70) Angabe, es existire eine Schrift des Zosimos:
„*Περὶ τῆς χημείας*, kommt in der Pariser Bibliothek in drei Handschriften
vor", beruht auf einem Irrthum. Salmasius (Plinianae exercitationes in Solini polyhistora, Pars II [Parisiis 1629], p. 1097), Reinesius (Variae lectiones
[Altenburgi 1640], p. 380) und Gruner (Zosimi de zythorum confectione
fragmentum [Solisbaci 1814], p. 8) haben die Angabe, es existire von Zosimos eine Schrift *περὶ χημευτικῆς*; Salmasius citirt Etwas aus dieser Schrift
(a. e. a. O., p. 1146).

[136]) In Bibl. gr., Vol. XII, p. 762.
[137]) Catalogus codicum graecorum bibliothecae Laurentianae — —, T. III
|Florentiae 1770], p. 352. Bandini giebt hier die Ueberschriften der diese
Schrift zusammensetzenden (neunzehn) Kapitel. Er erwähnt, dass in dieser
Schrift Demokritos und Epibechios citirt werden, und theilt denselben
Ausspruch der Maria als in dieser Schrift enthalten mit, welcher von Fabricius angeführt wird.
[138]) Vgl. S. 189 und Anmerk. 127.
[139]) Bibl. gr., Vol. XII, p. 770.
[140]) A. Anm. 137 a. O., p. 353.

S. 189) eine an die Theosebia gerichtete Schrift des Zosimos,
und zwar von Diesem selbst, bezeichnet sein soll. Bezüglich dieses
Wortes Imuth, und seiner Beziehung zu einer Schrift des Zosimos, und darüber ob diese Schrift unter den uns erhaltenen sei
oder nicht, ist nun manches sich Widersprechende und im Unkla-
ren Lassende geäussert worden. So bestimmt auch die Aeusserun-
gen einiger Früherer bezüglich des Buches sind, welches Imuth benannt gewesen sei, so wenig übereinstimmend und so wenig con-
trolirbar sind sie; und ich habe keinen Zweifel, dass Mancher eine
Vermuthung mit ungerechtfertigter Bestimmtheit als Thatsäch-
liches ausgesprochen hat. Ich kann nur das mir bezüglich dieses
Imuth bekannt Gewordene zusammenordnen, aber zu einer Erledigung dieses Gegenstandes bringe ich es hier nicht. — Die früheste Erwähnung dieses Wortes in einer Beziehung zur chemischen
Litteratur finde ich gelegentlich einer, bei Zosimos zur vollstän-
digen Ausbildung gekommenen Sage, nach welcher die Chemie
(Alchemie) den Menschen durch die Mittheilung Seitens höherer
Wesen, auf unrechte Wege gekommener Engel, bekannt geworden
sein soll; das diese Sage, und ihre Entwicklung, Betreffende stelle
ich wohl noch einmal besonders zusammen [141]), und gehe desshalb
hier auf sie nicht weiter ein. Von dieser Sage ist bei Georgios
Synkellos [142]) im neunten Jahrhundert die Rede, welcher die
Mittheilung derselben, wie sie bei Zosimos sich finde, mit den
Worten einleitet: Ἄξιον δὲ καὶ Ζωσίμου τοῦ Πανοπολίτου φιλοσόφου χρῆσιν τινὰ παραθέσθαι ἐκ τῶν γεγραμμένων αὐτῷ πρὸς Θεοσέβειαν ἐν τῷ ἐννατῷ τῆς Ἰμοὺθ βιβλίῳ, ἔχουσαν ὧδε, also, hiernach zu schliessen, ein als Imuth bezeichnetes Werk kannte, dessen neuntem Buche er Zosimos' Auffassung jener Sage entlehnte.
Das hier von Georgios Synkellos Gesagte findet sich dann von
J. J. Scaliger [143]) wiederholt. Zosimus Panopolites, sagt Dieser, scripsit librum de chymia, quam ipse ἰμοὺθ vocat, cujus me-

---

[141]) Ich habe diese Zusammenstellung später gemacht und sie ist S. 5 ff.
mitgetheilt.

[142]) Chronographia, ed. J. Goar, p. 13 der Pariser Ausgabe von 1652,
p. 11 der Venetianer Ausgabe von 1729.

[143]) Eusebii — — Chronicorum Canonum — — Libri — —, ed. J. J. Scaliger
[Lugduni Batavorum 1606]; animadversiones Scaligeri p. 243.

minit etiam Photius, und die Angabe dessen, was nun aus diesem
Buche mitgetheilt werden soll, beginnt: Χρῆσις Ζωσίμου τοῦ Πα-
νοπολίτου φιλοσόφου ἐκ τῶν πρὸς Θεοσέβειαν ἐν τῷ θ̄ ἰμοὺθ βίβλῳ.
Scaliger erwähnt nicht des Georgios Synkellos, welchen als
seine Quelle zu betrachten nahe liegt[144]); indessen existirt ein
Zeugniss des Borrichius[145]) dafür, dass Scaliger das von ihm
Mitgetheilte wirklich in, ihm handschriftlich vorliegenden Werken
des Zosimos gefunden habe. — Das hier Dargelegte ist, so viel
ich weiss, das ganze Fundament für die Ansicht, ein chemisches
Werk des Zosimos sei von ihm als Imuth bezeichnet worden. Ich
habe oben (S. 189) angegeben, in welcher Weise Reinesius und dann
namentlich Boerhave sich über dieses Buch Imuth geäussert resp.
es als mit einer uns erhaltenen Schrift des Zosimos identisch betrachtet haben; ich habe noch hinzuzufügen, dass Reinesius[146])
mit sehr grosser Bestimmtheit sagt: Chemia populari Aegyptiorum dialecto Imuth adpellata fuit. — Der in dem Vorhergehenden
dargelegten Ansicht bezüglich der Bedeutung des Wortes Imuth
ist jedoch auch widersprochen worden, namentlich durch Conring[147]). Ich lasse die Ausführung des Letzteren gekürzt folgen, wie

---

144) Bei der Besprechung des von Scaliger als Worte des Zosimos
Mitgetheilten bemerkt Conring (De Hermetica Aegyptiorum vetere et Paracelsicorum nova medicina [Helmestadii 1648], p. 17; p. 17 auch in der Ausgabe von 1669): Operae est pretium adferre hoc loco ipsa ejus verba, qua-
lia notis ad Graeca Eusebiana inseruit Josephus Scaliger, ex Panodoro ut ali-
cubi innuit, aut quod mihi verosimilius, ex Georgio Syncello desumpta. („Pano-
dorus, ein ägyptischer Mönch, verfertigte im 5. Seculo eine Chronologie, die
er aus Eusebio nahm, welchen er mit grossem Verstande verbesserte"; Jö-
cher's Compendiöses Gelehrten-Lexicon [Leipzig 1733], II. Theil, S. 484.) Als
ein fragmentum e Zosimo, petitum ex Syncello betrachtete das von Scaliger
Mitgetheilte auch Fabricius (Bibliotheca graeca, Vol. XII [Hamburgi 1724],
p. 755).

145) De ortu et progressu chemiae [Hafniae 1668], p. 12. Wo er bespricht,
wie Zosimos libro ἰθμοὺθ (sic) inscripto die oben erwähnte Sage gebe, leitet
er das von Scaliger Mitgetheilte mit den Worten ein: Verba Zosimi, quae
juxta mecum in manuscriptis bibliothecae regiae Parisinae exstantia legit, ad-
eoque in notis ad Eusebii Chronica jam ante expressit Scaliger, ita habent.

146) Variae lectiones [Altenburgi 1640], p. 380.

147) De Hermetica Aegyptiorum vetere et Paracelsicorum nova medicina
[Helmestadii 1648], p. 16 sqq. (p. 16 sqq. auch in der zweiten Ausgabe
von 1669).

er sie bei der Besprechung hat, dass bei den älteren Schriftstellern
nicht Hermes als der Urheber der Chemie genannt werde: Exstat
inter eos qui circumferuntur hodie Hermetis nomine libellus Mi-
nerva mundi cognominatus, ex Stobaeo descriptus, frugis Aegyp-
tiacae veteris sane plenus. Ibi cum fuisset ab Iside traditum ani-
mas hominum aliter sese atque aliter habere pro locorum positione
unde in corpora mittuntur, atque hinc aliquas regias esse quod e
regia zona deciderint, easque vel animabus, vel corporibus, vel ar-
tibus, vel scientiis praeesse, idque jam tum apparere, additur: hinc
animarum et corporum ducem esse Osirim, consilii Hermetem Tris-
megistum, medicinae Asclepium Vulcani, virium et roboris iterum
Osirim, philosophiae Arnabascanem, ποιητικῆς δὲ τὸν Ἀσκλήπιον
τὸν Ἰμούϑης. Aber ποιητικῆς bedeute hier: der Chemie. Et vero
propterea quod ille Imuthes filius aut ipsa Imuth multum promo-
verit artem, verisimile fit Zosimum Panopolitam libros suos, quos
de hac arte ad Theosebiam viginti quatuor conscripsit, Ἰμούϑ ap-
pellasse. — — Neque vero temere probabitur quod J. Scaliger
eumque secuti alii referunt, artem ipsam Χημίαν ab Aegyptiis
Ἰμούϑ fuisse nuncupatam. Folgt, was Zosimos bezüglich der oben
erwähnten Sage angiebt, und dass er nicht dem Hermes sondern
gefallenen Engeln den Ursprung der chemischen Kunst zuschreibe;
et vero tantum abest hunc velle ad Hermetem ab angelis artem
illam devenisse, ut clare pronunciet primo omnium muliebre genus
illam edoctum ab amasiis suis impuris daemonibus. Forte in fabula
fuit ad Ἰμούϑ, mulierem, illius generis sive unicam sive principem,
artem illam devenisse: eaque de causa operi suo Ἰμούϑ nomen
Zosimus praescripsit. — Das durch Scaliger zur Geltung Ge-
brachte hat noch des Stephanus Thesaurus graecae linguae in
der neuen Bearbeitung [148]) in erster Linie als das für die Bedeutung
des Wortes Imuth Massgebende; ausserdem aber auch eine andere
Deutung dieses Wortes, welche als die richtigere zu betrachten
ist: Ἰμούϑ. Titulum hunc scripto cuidam suo praefixerat Zosimus
Panopolites, cujus liber 9 commemoratur in Syncelli Chron. p. 13.

---

[148]) Stephani Thesaurus graecae linguae, ed. Hase et Dindorf, Vol. IV
[Parisiis 1841], p. 602. — Du Cange's Glossarium mediae et infimae graecitatis hat das Wort nicht.

V. Fabricii Bibl. gr. V. XII, p. 755, ubi observat, Reinesium in Varr.
Lectt. p. 385 (muss 380 heissen) conjicere, *Ἰμούϑ* Aegyptiaca lingua
chemiam notasse. In aliquo Herm. Trismegisti libro, qui inscri-
ptus circumferebatur *Κόρη κόσμου*, ap. Stob. Ecl. phys. p. 117
(Vol. I, p. 932 ed. Heer.) Aesculapius dicitur *ὁ Ἀσκληπιὸς ὁ Ἰμούϑης σπανὸς, καὶ Ἡφαίστου βουλαῖς*. Alii habent *Πᾶνος καὶ Ἡφαιστοβούλης* (Add. ib. p. 1092: *Ὁ Ἀσκληπιὸς Ἰμούϑης.*) De quo l.
aliquid notavi in Panth. Aeg. 5, 6, § 2 et 5. Jablonsk. Opusc.
Vol. I, p. 94. — Mit dem zuletzt Stehenden übereinstimmend, aber
der namentlich auf Grund des von Georgios Synkellos und
J. J. Scaliger Angegebenen zur Geltung gekommenen Ansicht,
dass Zosimos eines seiner Werke, und zwar eins mit chemischem
Inhalt, Imuth benannt resp. die Chemie selbst Imuth genannt habe,
widersprechend, ist auch eine Bemerkung von J. L. Ideler [149]).
Nachdem Dieser an das von Synkellos Gesagte und an des Reinesius Behauptung, *Ἰμούϑ* habe Chemie bedeutet, erinnert, bemerkt er: „Aber die Worte des Suidas: *Ζώσιμος, Ἀλεξανδρεὺς
φιλόσοφος, χημευτικὰ ἔγραψεν*, können hierfür nicht den Beweis
liefern. Im Gegentheil erhellt aus der Vergleichung einer Stelle
des Stobaeus (Eclog. phys., p. 117), wo es heisst: *ὁ Ἀσκλήπιος,
ὁ Ἰμούϑης, Πανος καὶ Ἡφαιστοβούλης*, über die man Jablonski,
Pantheon Aegyptiorum V, 6, 2. 5, Vol. III, p. 192 sq., p. 196 ver-
gleichen kann, dass Imuthes ein Beiname des ägyptischen Aesculap
war". Von Conring's Deutung sagt Ideler Nichts. — Dass aber
die in Ideler's Bemerkung gegebene Auslegung des Wortes
Imuth d. h. des Namens Imuthes die richtige sei, belehrt mich eine
Mittheilung von Dr. August Eisenlohr, welcher ausser auf
Lauth (Manetho und der Turiner Königspapyrus, p. 144), in
Betreff, dass Imuthes dem Asclepios als Beinamen gegeben war,
namentlich auf Parthey's Vocabularium coptico-latinum, Append.
IV, p. 560 verweist, bezüglich dessen, wie der Name hierogly-
phisch heisst und wörtlich übersetzt: der Friedensbringer, der
Helfer bedeutet, auf Lepsius' Denkmäler Abth. IV, 15 d, und be-

---

[149]) In einer Anmerkung zu A. v. Humboldt's Kritischen Untersuchungen
über die historische Entwickelung der geographischen Kenntnisse von der
neuen Welt — —, Bd. I [Berlin 1836], S. 513 f.

züglich dessen, dass Imuthes auch als Personenname vorkommt
und sich in einer demotischen Urkunde und aus ihr griechisch
wiedergegeben findet, auf Brugsch's demotische Grammatik
p. 45 und Brugsch's demotische Urkunden Taf. X.

Mit der oben (S. 180 ff.) besprochenen Schrift περὶ ἀρετῆς u. s. w.
manchmal verwechselt [150]), aber von ihr verschieden ist Ζωσίμου
τοῦ θείου περὶ ἀρετῆς καὶ ἑρμηνείας. Ein Aufsatz unter diesem
Titel wird von Borrichius [151]) bei der Aufzählung der Schriften
des Zosimos genannt, welche er auf der Pariser Bibliothek durch-
gegangen habe. Ein Aufsatz unter demselben Titel und mit dem
Anfang: Καὶ ἰδοὺ βωμὸς φιαλοειδοῦς — — war in der von Fabricius benutzten Abschrift einer Pariser Handschrift enthalten [152]). Dieselbe Schrift weist, als in einer Handschrift der Pariser kaiserl. Bibliothek enthalten, der Katalog derselben nach; der
Titel derselben wird hier [153]) durch: Zosimus, de virtute et interpretatione liber, in quo de rebus chimicis, gegeben. Was das Vorkommen dieses Aufsatzes in den, auf anderen Bibliotheken befindlichen handschriftlichen Sammlungen griechischer alchemistischer
Schriften betrifft, so ist mir ein solches noch für die Florentiner
Handschrift [154]) bekannt. Commentare ungenannter Verfasser zu
diesem Aufsatz finden sich in mehreren solchen Sammlungen der
genannten Pariser Bibliothek [155]).

---

[150]) Vgl. S. 181, Anmerk. 89.

[151]) Hermetis, Aegyptiorum et chemicorum sapientia — — [Hafniae 1674],
p. 49; als Divini Zosimi librum de virtute et interpretatione nennt diesen
Aufsatz Borrichius in Conspectus scriptorum chemicorum celebriorum
(Mangeti Bibliotheca chemica curiosa, T. I, p. 39).

[152]) Fabricii Bibliotheca graeca, Vol. XII [Hamburgi 1724], p. 763.

[153]) Catalogus codicum manuscriptorum bibliothecae regiae, T. II [Pari-
siis 1740], p. 484 und Lenglet du Fresnoy's Histoire de la philosophie
hermétique [à la Haye, 1742], T. III, p. 16 (Cod. 2327).

[154]) Catalogus codicum graecorum bibliothecae Laurentianae — —, auctore A. M. Bandinio, T. III [Florentiae 1770], p. 353. Es werden hier
noch einige Worte (Προσπαθείας καὶ μεθερμηνείας — —) als dem von Fabricius angegebenen Anfang vorhergehend mitgetheilt.

[155]) In Cod. 2252: Anonymi commentarius in librum Zosimi Panopolitae
de virtute et interpretatione (Catalogus — —, T. II, p. 471; Lenglet du
Fresnoy — —, T. III, p. 12); in Cod. 2329: Anonymi philosophi animad-

Das Vorhergehende erschöpft die Uebersicht über die Schriften des Zosimos noch nicht. Scheint es doch fast, als ob des Olympiodoros Commentar (εἰς τὸ κατ᾽ ἐνέργειαν Ζωσίμου ὅσα ἀπὸ Ἑρμοῦ καὶ τῶν φιλοσόφων ἦσαν εἰρημένα) sich wesentlich auf eine Schrift des Zosimos beziehe, für welche die Identität mit einer der im Vorhergehenden aufgezählten Schriften nicht nachgewiesen ist (ich komme auf jenen Commentar des Olympiodoros wohl später zurück). Werden doch noch einzelne Fragmente aus Zosimos als vorkommend angeführt, von welchen jetzt in keiner Weise ermittelt ist, ob sie zu, uns auch vollständiger erhaltenen Schriften gehören oder ob sie uns im Uebrigen verlorenen angehören. Was ist z. B. Fragmentum ἔκ τινος παλαιοῦ Ζωσίμου, dessen Borrichius ¹⁵⁶) und (unter Angabe des Anfangs: Λάβε ὠα τέσσαρα ἐν ἀγγείῳ βαλὼν ὀστρακίνῳ εὐρυχώρῳ — — und mit der Bemerkung, dass noch Einiges ἐκ τῆς μεγάλης τέχνης τῶν παλαιῶν beigefügt sei) Fabricius ¹⁵⁷) gedenken, das auch in der Florentiner Handschrift ¹⁵⁸) vorkommt, und welches auch sonst noch Erwähnung findet ¹⁵⁹)? Was ist das für ein Fragment, welches Fabricius ¹⁶⁰) gleichfalls in der ihm zugekommenen Abschrift einer

---

versiones in Zosimi Panopolitae vel Thebani librum de virtute et interpretatione (Catalogus — —, T. II, p. 484; Lenglet du Fresnoy — —, T. III, p. 17).

¹⁵⁶) Hermetis, Aegyptiorum et chemicorum sapientia — — [Hafniae 1674], p. 49.

¹⁵⁷) Bibliotheca graeca, Vol. XII [Hamburgi 1724], p. 762.

¹⁵⁸) Mit demselben Anfang. Die Ueberschrift ist hier (in Bandini's Anm. 154 angeführtem Katalog, T. III, p. 356): Τοῦτο μέν ἐστιν ἔκ τινος παλαιοῦ Ζωσίμου, τὸ δὲ ἕτερόν ἐστιν ἐκ τῆς μεγάλης τέχνης τῶν παλαιῶν, καὶ δοκίμασον αὐτὸ οὕτως.

¹⁵⁹) Dieses Fragment findet sich auch in der Pariser Handschrift 2249, aus welcher Höfer (Histoire de la chimie, 2. éd., T. I [Paris 1866], p. 294 s.) desselben gedenket, es wie es scheint, aber dann irrthümlich, als mit einem vorhergehenden Aufsatz des Kosmas zusammengehörig betrachtend. Mit ihm ist wohl identisch der Aufsatz in der Pariser Handschrift Nr. 2327, welchen Catalogus codicum manuscriptorum bibliothecae regiae, T. II [Parisiis 1740], p. 484 (auch in Lenglet du Fresnoy's Histoire de la philosophie hermétique [à la Haye, 1742], T. III, p. 16) unter der Angabe: Excerpta ex Zosimo scriptore antiquo, ubi de rebus chimicis, aufführt. Ebenso hat diesen Aufsatz betitelt Montfaucon (Bibliotheca — — [vgl. S. 178, Anm. 72], T. II, p. 740) in der Inhaltsangabe für die bei ihm mit Nr. 3178 bezeichnete Handschrift der Pariser Bibliothek.

¹⁶⁰) Bibliotheca graeca, Vol. XII [Hamburgi 1724], p. 770.

Pariser Handschrift fand und bezüglich dessen er die Angabe hat: Ζωσίμου τοῦ Πανοπολίτου; incipit: οὐσίας ἐκάλεσεν ὁ Δημόκριτος τα δ' σώματα? Woher stammen diese Fragmente oder Excerpte? bezüglich aller dieser Fragen kann ich keine Antwort geben.

Einzelne aus Zosimos' Werken excerpirte Capitel scheint mir eine Schrift zu enthalten, welche allerdings gewöhnlich, meiner Ansicht nach doch mindestens bestreitbar, als ein selbstständiges Schriftstück betrachtet wird; ich meine das an einen Theodoros gerichtete Schriftstück. Eine Erwähnung eines solchen Schriftstücks habe ich bei den früheren, die Werke des Zosimos aufzählenden Litterarhistorikern: bei Reinesius und bei Borrichius nicht gefunden; aber ein solches kommt in den handschriftlichen Sammlungen griechischer alchemistischer Aufsätze doch häufig vor. So in der durch Lambeck beschriebenen Handschrift der Wiener Bibliothek, worin nach des Ersteren Angabe [161]) Zosimi capita chymica ad Theodorum, quorum titulus et principium: Ζωσίμου πρὸς Θεόδωρον κεφάλαια. Περὶ τοῦ ἐτησίου, τουτέστιν ἐκ τοῦ παντὸς συνισταμένου ὡς ἐτησίου λίθου — —. Unter demselben Titel wird von Fabricius [162]) als in einer ihm zugekommenen Abschrift einer Pariser Handschrift enthalten ein Aufsatz genannt, doch ohne Angabe der Anfangsworte; ebenso in dem Katalog der kaiserl. Bibliothek zu Paris als in einer dort befindlichen Handschrift vorkommend [163]), und in der Aufzählung der in der Altenburger o. Gothaer Handschrift enthaltenen Aufsätze [164]). Unter demselben Titel und bis auf Unwesentliches mit demselben Anfang, wie ihn Lambeck angegeben, haben diesen Aufsatz auch

---

[161]) Commentariorum de bibliotheca caes. vindobonensi L. VI., ed. Kollarii [Vindobonae 1780], p. 405.

[162]) Bibliotheca graeca, Vol. XII [Hamburgi 1724], p. 765.

[163]) Cod. 2252: Zosimi capita ad Theodorum (Catalogus codicum manuscriptorum bibliothecae regiae, T. II [Parisiis 1740], p. 471; Lenglet du Fresnoy's Histoire de la philosophie hermétique [à la Haye, 1742], T. III, p. 12). Derselbe Aufsatz steht wohl auch in der Pariser Handschrift 2249; vgl. S. 200, Anmerk. 169.

[164]) Fr. Jacobs und F. A. Ukert's Beiträge zur ältern Litteratur o. Merkwürdigkeiten der herzogl. Bibliothek zu Gotha, Bd. I, Hft. 2 [Leipzig 1835], S. 218: Ζωσίμου πρὸς Θεόδωρον κεφάλαια.

Handschriften der Bibliotheken zu Venedig[165]), des Escurials[166])
und zu München[167]). — Von Schmieder[168]) ist unter den Schriften des Zosimos auch „Ein *Brief an Theodoros* über chemische
Gegenstände, von welchem zwei Handschriften in der Pariser, und
eine in der Wiener Bibliothek vorkommen," angeführt. Höfer[169])
äussert sich über dieses Schriftstück, welches auch er als von Zosimos an einen Theodoros gerichtet betrachtet, nicht bei der

---

[165]) Graeca D. Marci bibliotheca codicum manu scriptorum — — [Vene-
tiis 1740], p. 140; Morellii Bibliotheca manuscripta graeca et latina, T. I [Bas-
sani 1802], p. 177. Dieser Titel findet sich zwar nicht in dem alten Inhalts-
Verzeichniss dieser Sammlung genannt, wie es, nach d'Orville's Abschrift
desselben, Bernard im Anhang zu seiner Ausgabe des Palladios über den
Fiebern [Leyden 1745], p. 114 sqq. abdrucken liess; aber nach Morelli (a. e.
a. O., p. 172) beruht dies auf einem Irrthum und sind in diesem Inhalts-Ver-
zeichniss allerdings auch *Ζωσίμου πρὸς Θεόδωρον κεφάλαια ιε'* (fünfzehn Capitel des Zosimos an den Theodoros) aufgeführt (vgl. unten Anmerk. 166).
— Ueber eine Zusammenstellung einzelner Capitel des Zosimos mit solchen
einiger anderer alchemistischer Schriftsteller, welche in der Venetianer Handschrift und einer der Escurial-Bibliothek vorkommt, vgl. oben S. 42 f., Anmerk. 11.

[166]) In der mit der Venetianer Handschrift vielfach übereinstimmenden
Handschrift des Escurial sind nach Miller's Angabe (Catalogue des manuscrits grecs de la bibliothèque de l'Escurial [Paris 1848], p. 418) auch enthalten: Zosime à Théodore, vingt-cinq chapitres. Diese Capitelzahl stimmt
nicht zu der nach Morelli (vgl. Anmerk. 165) in dem alten Inhalts-Ver-
zeichniss einer Sammlung alchemistischer Aufsätze, das in der Venetianer
Handschrift erhalten ist, angegebenen; sie liesse aber, zusammen mit dem
von Lambeck a. Anm. 161 a. O. Berichteten, wonach der ganze Aufsatz in der
Wiener Handschrift 3 bis 4 Folioseiten einzunehmen scheint, schliessen, dass
die einzelnen Capitel ziemlich kurz gehalten sein mögen. — Chapitres addres-
sés par Zosime à Théodore kommen nach Miller's Angabe (a. e. a. O., p. 149)
noch in einer anderen Handschrift der Bibliothek des Escurial vor; doch findet sich bezüglich derselben bei ihm Nichts Weiteres mitgetheilt.

[167]) Catalogus codicum manuscriptorum graecorum bibliothecae regiae
bavaricae, auctore J. Hardt, T. II [Monachii 1806], p. 26.

[168]) Geschichte der Alchemie [Halle 1832], S. 70.

[169]) Histoire de la chimie, 2. éd., T. I [Paris 1866], p. 293. Höfer bezieht sich bezüglich des von ihm über diese Schrift Mitgetheilten auf Cod.
2249 der kaiserl. Bibliothek zu Paris. Als in dieser enthalten giebt sie der
ältere Handschriften-Katalog dieser Bibliothek (Catalogus — —, T. II [Parisiis
1740], p. 470) nicht an, wohl aber als in Cod. 2252 stehend (vgl. Anmerk. 163).
Aber als darin enthalten nannte sie Höfer schon in der ersten Ausgabe
seiner Histoire de la chimie, T. I [Paris 1842], p. 278, wo er ein Inhaltsverzeichniss für die Pariser Handschrift 2249 gab.

Besprechung des Adressanten sondern bei der des Adressaten, in einem eigenen Paragraphen unter der Ueberschrift: Théodore; er hält die Vermuthung für zulässig, dieser Theodoros sei der Papst dieses Namens im 7ten Jahrhundert gewesen, und Zosimos dann in die erste Hälfte dieses Jahrhunderts zu setzen [170]). Ich sehe indess keinen Grund für die Annahme, jene Schrift, die doch wohl der Alexandrinischen Schule angehört, sei an diesen Papst gerichtet gewesen, für welchen mir wenigstens schlechterdings keine Beziehung zur Alchemie bekannt ist. Der Name Theodor kommt bekanntlich schon früher, und ziemlich häufig vor, und, aber nicht als jenem Papst zugehörig, im Zusammenhang mit alchemistischer Beschäftigung und alchemistischer Litteratur mindestens schon in der ersten Hälfte des 7ten Jahrhunderts [171]). Aber ein besonderes Interesse hat dieser Name hier dadurch, dass ein Theodoros der gewesen zu sein scheint, welcher eine grössere Anzahl alchemistischer Schriften zu einer Sammlung vereinigte,

---

[170]) Ich muss Höfer's Worte hierher setzen: Les alchimistes dédiaient souvent leurs écrits à des rois ou à des papes qui aimaient et pratiquaient l'art spagirique. C'est ainsi que Zosime a adressé divers chapitres (κεφάλαια) à Théodore. Or, quel est ce personnage? Si c'est le pape qui succéda, en 642, au pape Jean IV, et mourut en 649, il faudra placer Zosime dans la première moitié du 7e siècle.

[171]) Ich will in Beziehung hierauf das Folgende mittheilen, namentlich da es für eine relativ frühe Zeit auf ein Bekanntsein mit alchemistischen Bestrebungen auch ausserhalb der eigentlich gelehrten Kreise hindeutet. — Von Stephanos von Alexandria sind uns Περὶ χρυσοποιίας πράξεις ἐννέα (Artis auri conficiendi actiones novem hat des Pizimenti Uebersetzung, welche zusammen mit der des Democrit u. a. 1573 zu Padua erschien; vgl. S. 110) erhalten; an dem Ende der zweiten von diesen neun Abhandlungen (Physici et medici graeci minores; ed. J. L. Ideler; Vol. II [Berolini 1842], p. 208; in des Pizimenti Uebersetzung f. 30 r⁰) findet sich eine ἐπιστολὴ πρὸς Θεόδωρον, ziemlich undeutlichen aber unzweifelhaft alchemistischen Inhalts; und in diesem Brief an einen Theodoros wird sich wieder auf einen Theodoros berufen: οὕτως ποιεῖ ὁ μαγιστριανὸς Θεόδωρος καὶ Ἰάκωβος ὁ καβιδάριος διδασκαλεῖ (sic facit Magistrianus Theodorus, et Jacobus Cabidarius praeceptores, übersetzte Pizimenti). Nach Du Cange (Glossarium ad scriptores mediae et infimae graecitatis [Lugduni 1688]) ist μαγιστριανός so viel wie Agens in rebus oder Officialis magistri officiorum, wohl ungefähr ein niederer Kanzlei-Beamter, und καβιδάριος ist so viel wie lapidarius, wohl ein Graveur in Stein. Darüber, wer der Theodoros gewesen sei, an welchen dieses Schreiben gerichtet war, will ich hier keine Vermuthung aussprechen.

die uns allerdings nicht mehr ganz in der ursprünglichen Form erhalten ist, aber doch, mannichfaltig durch Auslassungen und Zusätze
und Umstellung verändert, mindestens für mehrere der Sammlungen die Grundlage abgegeben hat, welche jetzt noch in Handschriften vorliegen und mir wohl noch einen Gegenstand besonderer Besprechung abgeben [172]). Und da liegt nun die Vermuthung
nahe, die Schrift, um welche es sich uns jetzt handelt, möge Aus-
züge aus den Werken des Zosimos (und auch Anderer?) enthalten [173]) und von dem, welcher sie excerpirte, an den Sammler
Theodoros gerichtet worden sein.

Ich habe noch einige Schriften zu nennen, welche manchmal
als dem Zosimos angehörig, manchmal als solche, deren Verfasser unbekannt sei, angeführt werden. — Dahin gehört die Schrift
über Bierbereitung. Als das Werk eines Ungenannten wird ein
Aufsatz περὶ ζύϑων ποιήσεως von Reinesius [174]) besprochen, welcher denselben wohl in der von ihm studirten und beurtheilten

---

[172]) Ich beschränke mich desshalb hier auf die Bemerkung, dass dazu,
einen Theodoros als Veranstalter einer solchen Sammlung zu betrachten,
Grund abgiebt ein als Vorwort zu einer derartigen Sammlung dienendes Ge-
dicht, welches in einer aus dem 11ten oder 12ten Jahrhundert stammenden
Venetianer Handschrift (es ist daraus nach d'Orville's Abschrift im Anhange zu Bernard's Ausgabe des Palladios Schrift von den Fiebern [Ley-
den 1745], p. 149 sq. abgedruckt) und in einer damit ziemlich übereinstimmenden
Handschrift der Bibliothek des Escurial (Catalogue des manuscrits grecs de
la bibliothèque de l'Escurial, par E. Miller [Paris 1848], p. 146) uns erhalten ist.

[173]) Letzteres geht auch aus dem von Höfer a. Anm. 169 a. O., p. 293 Angegebenen hervor: Ces κεφάλαια sont de simples extraits ou des analyses d'ouvrages
sur l'art sacré. L'un de ces ouvrages avait pour titre Sur la transmutation des
quatre éléments (περὶ τῆς τῶν τεσσάρων στοιχείων εἰς ἑαυτὰ μεταβολῆς). On
y lit entre autres que „tous les produits de transformation de la terre et de
l'eau ne sont pas de feu, et qu'il y en a aussi qui se dégagent sans flamme".
En effet la flamme n'est qu'un gaz incandescent et tous les gas ne sont pas
inflammables. On connaissait donc les gaz longtemps avant Van-Helmont.

[174]) Variae lectiones [Altenburgi 1640], p. 483: Fragmento περὶ ζύϑων
ποιήσεως docet scriptor anonymus ineditus in volumine chemicorum graecorum manuscr. e molito hordeo, addito fermento fieri panes; eos εἰς κλουβὸν,
i. e. in ahenum — — conjectos adfusa aqua parum coqui, sinetamen ebulli-
tione; tum colari liquorem, bene contectum incalescere et separata faeculen-
tia fieri potabilem.

Altenburger o. Gothaer Handschrift gefunden hat. Auf welchen Grund hin Gruner, welcher diesen Aufsatz veröffentlicht, in's Lateinische übersetzt und ausführlich commentirt hat[175]), denselben als von Zosimos herrührend betrachtet, kann ich aus dieser seiner Veröffentlichung nicht ersehen. Dieser Aufsatz gehört aber zu den in den Sammlungen der Werke griechischer alchemistischer Schriftsteller nur sehr selten vorkommenden[176]). — Als dem Zosimos zugehörig wird bei Gruner[177]) auch Etwas unter dem schwierig zu deutenden Titel Στάκτης ποίησις angeführt, was in des Reinesius und des Borrichius Aufzählung der Schriften des Zosimos überhaupt nicht genannt wird, sonst noch einmal ohne Angabe des Verfassers vorkommt[178]). — Von Borrichius unter den Schriften des Zosimos nicht genannt ist eine sehr undeutliche Anleitung zur Bereitung von Glasflüssen, Ποίησις κρυστάλλίων, quae Zosimo tribuitur, wie Reinesius[179]) sagt, und auch von Gruner, welcher[180]) sie aus der Altenburger o. Gothaer Handschrift[181]) veröffentlicht und commentirt hat, geradezu dem

---

[175]) Zosimi Panopolitani de zythorum confectione fragmentum nunc primum graece ac latine ed. C. G. Gruner [Solisbaci 1814]. Den Inhalt dieses Buches scheint Gruner schon vorher durch einzelne Jenenser Promotions-Programme veröffentlicht zu haben, von welchen mir jetzt nur einige vorliegen. Dass er den hier dem Zosimos zugeschriebenen Aufsatz derselben handschriftlichen Sammlung alchemistischer Schriften entnommen, welche Reinesius studirt hatte, geht aus dem von ihm a. e. a. O., p. 9 Bemerkten hervor. Aus derselben Altenburger o. Gothaer Handschrift war der griechische Text dieses Aufsatzes über Bierbereitung, nach einer von Schlaeger genommenen Abschrift, auch veröffentlicht in P. E. Jablonskii Opuscula, ed. J. G. te Water, T. I [Lugduni Batavorum 1804], p. 78 sq. (was hier als Conjecturen Schlaeger's gegeben ist, sind die Randbemerkungen Reinesius' in jener Handschrift).

[176]) Vielleicht ist er auch in der Münchener Handschrift enthalten; vgl. Anmerk. 178.

[177]) A. Anm. 175 a. O., p. 90. Vgl. auch S. 184, Anm. 105 Gruner's Angabe, dass Zosimos geschrieben habe ποίησιν κρυσταλλίων καὶ στάκτης, καὶ ἀσβέστου.

[178]) Als in der Münchener Handschrift enthalten wird (Catalogus codicum manuscriptorum graecorum bibliothecae regiae bavaricae, auctore J. Hardt, T. II [Monachii 1806], p. 25) angegeben: Περὶ ξυθῶν ποιήσεως. στακτῆς ποίησις.

[179]) Variae lectiones [Altenburgi 1640], p. 663.

[180]) In der Anmerk. 175 genannten Schrift, p. 22 sqq.

[181]) wie wiederum aus der Bezugnahme auf Conjecturen von Reinesius hervorgeht.

Zosimos zugeschrieben wird. Ohne Nennung des Verfassers findet sich dieser Aufsatz in einer Pariser Handschrift [182]) und in einer Handschrift der Bibliotheca Laurentiana zu Florenz [183]), auch, wie es scheint, in einer Handschrift der Ambrosianischen Bibliothek zu Mailand [184]); unter Nennung des Zosimos als Verfassers in einer Handschrift der kaiserl. Bibliothek zu Paris [185]); hinter Schriften des Zosimos, aber ohne Angabe Desselben als Verfassers, in einer Handschrift einer Bibliothek zu Montpellier [186]). — Einen

---

[182]) Höfer in Histoire de la chimie, 2. éd., T. I [Paris 1866], p. 296 s.: Le manuscrit 2249 (fol. 3—5) renferme, sous le voile de l'anonyme, les trois écrits suivants, qui ont pour titre: — — II. Sur la fabrication du cristal (περὶ κρυστάλλου ποιήσεως). Probablement de Zosime. On n'y remarque aucune notion pratique. L'auteur anonyme fait entrer dans le mélange, dont la fusion doit donner le verre, des oeufs (le blanc et le jaune), de l'eau de nitre (ὕδωρ νίτρου), du sang de poules noires, de l'huile d'olive, des coquilles d'huitres etc. Einzelnes ist wohl, nach dem von Gruner gegebenen Texte, anders zu deuten, aber darüber bleibt nach der vorhergehenden Angabe Höfer's kein Zweifel, dass der von ihm besprochene Aufsatz derselbe ist wie der von Gruner veröffentlichte. Ich muss noch bemerken, dass für das Manuscript Nr. 2249 der jetzt kaiserlichen Bibliothek zu Paris der ältere Katalog (Catalogus codicum manuscriptorum bibliothecae regiae, T. II [Parisiis 1740], p. 470; auch Lenglet du Fresnoy's Histoire de la philosophie hermétique [à la Haye, 1742], T. III, p. 9) diese von Höfer als darin enthalten angegebenen anonymen Aufsätze nicht nennt.

[183]) Catalogus codicum graecorum bibliothecae Laurentianae — —, auctore A. M. Bandinio, T. III [Florentiae 1770], p. 350: Περὶ κρυστάλλων ποιήσεως. Der Anfang: Λαβὼν ᾠὰ ὅσα θέλῃς καὶ ἀποπλύνων im Wesentlichen wie in dem von Gruner veröffentlichten Aufsatz. Bandini betrachtet diesen Aufsatz als vielleicht dem Zosimos zukommend.

[184]) Als in ihr enthalten wird (Montfaucon's Palaeographia graeca [Parisiis 1708], p. 373 sqq.; Montfaucon's Bibliotheca bibliothecarum manuscriptorum nova [Parisiis 1739], p. 1200) angegeben: Christiani, Labyrinthus Salomonis, de temperando ferro, conficiendo crystallo, et de aliis naturae arcanis.

[185]) Catalogus codicum manuscriptorum bibliothecae regiae, T. II [Parisiis 1740], p. 484, auch Lenglet du Fresnoy's Histoire de la philosophie hermétique [à la Haye, 1742], T. III, p. 15: Zosimus, de sulphuris et chrystallorum conficiendorum ratione (Cod. 2327). Montfaucon (Bibliotheca bibliothecarum — —, p. 740) hat für die bei ihm als Cod. 3178 bezeichnete Handschrift den Titel desselben Aufsatzes nach Du Cange's Katalog: de sulphure et de crystalli confectione. Auch in der Pariser Handschrift 2249 findet sich nach Höfer (Histoire de la chimie, 1. éd., T. I [Paris 1842], p. 278) ein Aufsatz de la fabrication du cristal, par Zosime.

[186]) Montfaucon's Bibliotheca bibliothecarum — —, p. 1200: De confectione crystallorum.

Aufsatz, welcher Βαφὴ σμαράγδου betitelt ist, schreibt Salmasius[187]) dem Zosimos zu; in ihm werden οἱ σοφοὶ τῶν Ἰσμαηλιτῶν genannt und kommen arabische Kunstausdrücke vor, was Anlass gegeben hat, die Abfassung desselben in eine spätere Zeit zu-
setzen, als die gewöhnlich und auch von mir für den Zosimos
angenommene ist (vgl. S. 168); über einen solchen Aufsatz finde ich
aber in meinen Notizen, soweit sie Schriften des Zosimos betref-
fen, sonst Nichts[188]). — Eine kurze Vorschrift zum Waschen oder
Reinigen der Cadmia, überschrieben Καδμίας πλύσις, welche (wohl
auch aus der Altenburger o. Gothaer Handschrift) Gruner[189])
als von Zosimos herrührend veröffentlicht hat, ist mir auch nicht
als sonst noch vorkommend bekannt geworden[190]). — Auf welchen
Grund hin von Reinesius[191]) noch eine Anzahl anderer Schriften,

---

[187]) Plinianae exercitationes in Solini polyhistora, T. II, p. 1098. Danach,
wie Morhof (Polyhistor literarius, Pars I [Lubecae 1695], p. 107) dieses Aufsatzes erwähnt, wäre derselbe ein Capitel einer Schrift περὶ ποιήσεως χαλκοῦ
ξανθοῦ, und eine solche Ueberschrift wird wiederum als die eines Capitels
der Schrift: Βαφὴ τοῦ παρὰ Πέρσαις ἐξευρημένου χαλκοῦ genannt; vgl. S. 215
(Anmerk. 213), wo letztere Schrift besprochen wird.

[188]) Denn es ist ungewiss, ob der von Reinesius (Variae lectiones [Alten-
burgi 1640], p. 381) unter den Schriften des Zosimos genannte Aufsatz περὶ
βαφῆς der oben erwähnte sei. Dass bezüglich des letzteren noch einige Confusion herrscht, geht aus der vorstehenden Anmerkung hervor. Ein Aufsatz περὶ
βαφῆς σμαράγδων findet sich, zusammen mit mehreren anderen Aufsätzen,
deren Verfasser nicht genannt sind, in einer Florentiner Handschrift (Catalogus codicum graecorum bibliothecae Laurentianae — —, auctore A. M. Bandinio, T. III [Florentiae 1770], p. 356). Aufsätze mit ähnlichen Titeln kommen
auch sonst noch vor (vgl. Fabricii Bibl. gr., Vol. XII, p. 762). — Bemerkt
mag hier noch werden, dass bei anderen, der Alexandrinischen Schule noch
zuzurechnenden alchemistischen Schriftstellern sich die (übrigens bereits den
Alten bekannt gewesene) Nachbildung des Smaragdes durch Färbung des Gla-
ses mittelst Kupferoxyd findet; so bei Olympiodoros (Höfer's Histoire de
la chimie, 2. éd., T. I [Paris 1866], p. 274).

[189]) Zosimi de zythorum confectione fragmentum — — ed. Gruner [Solis-
baci 1814], p. 26. Dieser Aufsatz ist, ohne Angabe des Verfassers, in dieser
Handschrift enthalten; vgl. Jacobs u. Ukert's in Anmerk. 164 citirte Schrift,
Bd. I, Hft. 2, S. 218.

[190]) Von diesem Aufsatz verschieden scheint der: Ποίησις ἐκ τουτίας
überschriebene zu sein, dessen oben S. 176, Anmerk. 53 u. 59 als in mehreren
Handschriften vorkommend gedacht wurde.

[191]) Variae lectiones [Altenburgi 1640], p. 380 sq.: Praeter libros ad Theosebiam sororem et calliergiam, ejusdem Zosimi liber — — περὶ ποσότητος πυ-
ρός, περὶ ποιήσεως χαλκοῦ ξανθοῦ, περὶ λευκώσεως μαργαριτῶν κιῤῥῶν, — —

als im Vorhergehenden besprochen oder gelegentlich angeführt
wurden, dem Zosimos zugeschrieben werden: dies zu beurtheilen
fehlen mir meistens die Anhaltspunkte; aber wahrscheinlich ist es
mir, dass hier zusammengestellt ist, was, ohne Beweis dafür dass
es erhalten sei oder wirklich von Zosimos herrühre, Reinesius
mit dem Namen des Zosimos irgendwie verknüpft vorgefunden
hat; Einzelnes scheint mir anderswohin zu gehören, und vielleicht
sind auch einzelne Capitel grösserer Schriften hier als selbstständige Aufsätze genannt. Das Gleiche gilt für die von Gruner [192])
gegebene Aufzählung der Schriften des Zosimos, unter welchen
auch eine περὶ φωτῶν, die mir auch sonst noch einmal vorgekom-
men ist [193]). Und ich will auch nicht beurtheilen, welche Wahrscheinlichkeit Höfer's Vermuthung [194]) zukomme, ein in einer
Handschrift der kaiserl. Bibliothek zu Paris [195]) ohne Nennung des

περὶ ὀπτήσεως, περὶ ξανθώσεως, βίβλος τῶν κλειδῶν, χειρόκμητα et alia ejusmodi artem chemicam illustrantia hypomnemata circumferuntur. Ich habe
die in der vorausgegangenen bibliographischen Uebersicht schon citirten Titel weggelassen. Dass des Zosimos βίβλος κλειδῶν an einer Stelle der Altenburger o. Gothaer Handschrift citirt werde, lehrt des Reinesius de chemicorum graecorum codice Gothano judicium in Fabricii Bibliotheca graeca, Vol.
XII [Hamburgi 1724], p. 760.

192) Zosimi de zythorum confectione fragmentum [Solisbaci 1814], p. 8.
In der Altenburger o. Gothaer Handschrift ist, ohne Nennung des Verfassers
und zerstückt, enthalten ein Aufsatz περὶ ποσότητος φώτων (Jacobs u. Ukert's
in Anmerk. 164 citirte Schrift, Bd. I, Hft. 2, S. 218). — A. e. a. O. wird von
Gruner u. a. angegeben, dass Zosimos auch geschrieben habe περὶ σταθ-
μῶν et περὶ σταθμοῦ ξανθώσεως, περὶ καύσεως σωμάτων, περὶ σώματος μαγνησίας καὶ οἰκονομίας, — — περὶ ὀπτήσεως, περὶ ποιήσεως χαλκοῦ ξανθοῦ, βαφὴν
τοῦ παρὰ Πέρσαις ἐξευρημένου χαλκοῦ γραφεῖσαν ἀπὸ ἀρῆς Φιλίππου (ich komme
auf diese Schrift noch zurück), βαφὴν τοῦ ἰνδικοῦ σιδήρου (gleichfalls), — —
περὶ λευκώσεως μαργαρίτων κιῤῥῶν.

193) Als in einer Handschrift einer Bibliothek in Montpellier enthalten
wird (Montfaucon's Bibliotheca bibliothecarum manuscriptorum nova [Pari-
siis 1739], p. 1200), als hinter einer Schrift des Zosimos stehend, angegeben:
de luminibus. Aber hinter einer Schrift des Agathodaemon, und ohne dass
sich entscheiden liesse ob sie demselben Verfasser zugehören, finden sich in einer
Florentiner Handschrift (Bandini's in Anmerk. 183 citirter Katalog, T. III,
p. 355) zwei Aufsätze: Ἑρμηνεία περὶ πάντων ἁπλῶς καὶ περὶ τῶν φώτων und
Ἑρμηνεία περὶ τῶν φώτων. Darüber, was τὰ φῶτα seien, vgl. S. 227, Anm. 26.

194) Histoire de la chimie, 2. éd., T. I [Paris 1866], p. 296.

195) Cod. 2249 (wohl auch in Cod. 2252 derselben Bibliothek; vgl. Catalogus — —, T. II, p. 471 und Lenglet du Fresnoy a. a. O., T. III, p. 12, Nr. 9
der Inhaltsangabe für diese Handschrift). Auch bezüglich dieses Aufsatzes ist

Verfassers sich findender Aufsatz: *Παραινέσεις συστατικαὶ τῶν ἐγ-χειρούντων τὴν τέχνην*, dessen Inhalt Höfer hier bespricht, könne Zosimos zum Verfasser haben.

Mit dem, was man als uns von Zosimos erhalten betrachtet, stehen einige chemische Schriftstücke in Zusammenhang, deren Inhalt von einem Philippos herrühren soll; bald wird Philippos, bald Zosimos als Verfasser derselben genannt. „Philippos", sagt Schmieder[196]), „von Side in Pamphilien, lebte zu Anfang des 5. Jahrhunderts und war Synkellos des Patriarchen zu Konstantinopel. Er hat zwei Abhandlungen alchemistischen Inhalts geschrieben, deren eine von der Tinctur des persischen Kupfers, die andere von der Tinctur des indischen Eisens handelt. Diese Ueberschriften lassen etwas Interessantes erwarten, und doch haben wir keinen Abdruck. Die Handschrift wird in der kaiserlichen Bibliothek zu Wien aufbewahrt." — Diese s. g. Abhandlungen [197]) hatte indessen Joh. Gottl. Schneider[198]) schon 1801 nach einer Copie

das oben in Anmerk. 182 am Ende derselben Gesagte zu bemerken. — Mit dieser Schrift identisch ist ein ebenso betitelter Aufsatz in einer Handschrift der Bibliothek des Escurials (Miller's S. 202, Anm. 172 citirter Katalog, p. 147); nach Miller findet sich derselbe Aufsatz, mit dem Anfang *Παρεγγνῶμαι τοίνυν ὑμῖν — —* auch in der Pariser Handschrift 2327. Ferner der ebenso betitelte und beginnende Aufsatz in einer Florentiner Handschrift, welchen Bandini (Catalogus codicum graecorum bibliothecae Laurentianae, T. III [Florentiae 1770], p. 350) auch als vielleicht dem Zosimos zukommend betrachtet. Denselben, doch mindestens im Anfang um ein Stück gekürzten Aufsatz scheint auch Fabricius in der ihm zugekommenen Abschrift einer Pariser Handschrift vor Augen gehabt zu haben (in Biblioth. gr., Vol. XII, p. 761, Nr. 2 werden *Παραινέσεις* von ihm erwähnt; vgl. auch Bandini a. e. a. O.).

[196]) Geschichte der Alchemie [Halle 1832], S. 68.

[197]) Schmieder scheint unter „Tinctur" die Umwandlung in edles Metall verstanden zu haben. Bestimmt hatte diese Ansicht Lenglet du Fresnoy (Histoire de la philosophie hermétique [à la Haye, 1742], T. I, p. 461 s.): Philippe — — ne possédait pas la science hermétique (alle unedlen Metalle in edle zu verwandeln) et n'avait que la teinture du fer et du cuivre en or.

[198]) Eclogae physicae, Bd. II (Anmerkungen und Erläuterungen) [Jena u. Leipzig 1801], S. 95.

der Wiener Handschrift herausgegeben, über den Inhalt allerdings
nicht so günstig urtheilend, wie es Schmieder's Erwartungen
entspräche: „die Leser werden von dem Werthe der darin enthaltenen Kunststücke urtheilen können und hoffentlich, so wie ich
die meinige, ihre Sehnsucht nach deren Bekanntmachung stillen".
Die Βαφὴ τοῦ παρὰ Πέρσαις ἐφευρημένου χαλκοῦ, γραφεῖσα ἀπὸ
ἀρχῆς Φιλίππου, wie Schneider den Titel hat, ist auch von
C. G. Gruner [199]) mit beigefügter lateinischer Uebersetzung und
einigem Commentar in seiner Ausgabe der dem Zosimos beigelegten Schrift über Bierbereitung, und zwar als von Zosimos verfasst [200]), veröffentlicht; immerhin gewährt diese, in der Hauptsache doch verständliche Anweisung, aus Tutia (ϑουϑία) ein Präparat darzustellen, welches mit Kupfer zusammen im Schmelztie-
gel unter einer Kohlendecke stark erhitzt das Metall schön färbe,
bei dem gewiss ihr zukommenden beträchtlichen Alter Interesse [201]).

---

[199]) Zosimi Panopolitani de zythorum confectione fragmentum ed. C. G.
Gruner [Solisbaci 1814], p. 17.

[200]) Dass Gruner diese Schrift als von Zosimos verfasst betrachtete,
geht auch daraus hervor, wie er derselben bei Aufzählung der von Zosimos
herrührenden Schriften erwähnt (vgl. Anmerk. 192 auf S. 206). — Auch Beckmann betrachtet, wahrscheinlich auf Salmasius' Autorität hin, den Zosimos als den Verfasser dieser Schrift; er erwähnt (Geschichte der Erfindungen,
Bd. III [Leipzig 1790], S. 389) des Zosimos, welcher wahrscheinlich im 5.
Jahrhundert gelebt habe, mit der Angabe: „Zur Färbung des Kupfers giebt
er die Vorschrift, Cyprisches Kupfer zu schmelzen und darauf zerriebene Tutia zu streuen" und mit der Anmerkung: „das Recept hat Salmasius
S. 237a eingerückt". Vorher ist Salmasius de homonymis citirt. Ich kann
des Salmasius Schrift de homonymis hyles iatricae. de manna et saccharo
nicht einsehen; seine Exercitationes Plinianae in Solinum enthalten (Pars II
[Parisiis 1629], p. 1017 sqq.) viel auf Manna und Zucker, auch auf Cadmia und
Tutia Bezügliches, aber nicht jenes Recept. In Beziehung darauf, dass Salmasius die jetzt in Besprechung stehenden Vorschriften dem Zosimos zugeschrieben, vgl. auch S. 214, Anmerk. 207.

[201]) Sie ist oft übersehen worden, und ihrem wesentlichen Inhalte nach
selbst da, wo die historischen Angaben bezüglich der Bereitung des Messings
eingehender zusammengestellt sind, nicht gehörig berücksichtigt. Auch in
J. Percy's Metallurgie, übertragen und bearbeitet von F. Knapp, wo Bd. I
[Braunschweig 1863], S. 474 ff. eine solche Zusammenstellung gegeben ist, wird
nur in Bezug auf den gelbfärbenden Zusatz zum Kupfer kurz angeführt, dass
derselbe und zwar im 5ten Jahrhundert bei Zosimos unter der Bezeichnung
Tutia vorkomme. — Das aus Tutia angefertigte Präparat, mittelst dessen,
durch Zusammenschmelzen mit demselben, das Kupfer gefärbt werden soll,

Die Anweisung zur Bearbeitung des indischen Eisens ($B\alpha\varphi\eta\ \tauο\tilde{υ}$ Ἰνδικοῦ σιδήρου γραφεῖσα τῷ αὐτῷ χρόνῳ) ist mir, wie Schneider,

---

wird (Schneider a. a. O., p.95; Gruner a. a. O., p. 19) als τὸ διὰ τῆς θου-θίας ξήριον bezeichnet. Ich kann hier auf Einzelnheiten nicht eingehen, für welche ich immerhin hoffe, dass sie, wenn auch erst in später Zeit, noch einmal Berücksichtigung finden werden; hat doch die hier vorgelegte Arbeit hauptsächlich den Zweck, dazu beizutragen, dass für den Aufbau einer besseren Erkenntniss vorerst nur der Platz etwas geebnet und Bausteine disponibel gemacht werden. Aber bezüglich des Wortes ξήριον will ich doch Einiges hier zusammenstellen, was einem künftigen Bearbeiter vielleicht nützlich ist; hauptsächlich auch desshalb, weil dabei ein nicht selten vorkommender älterer alchemistischer Aufsatz (in bibliographischer Beziehung) für mich seine Erledigung findet. Τὸ ξήριον, das Streupulver, steht in den gewöhnlichen griechischen Wörterbüchern, und es gehört nicht unter die Wörter, mit welchen sich Du Canges Glossarium mediae et infimae graecitatis zu befassen hat. Graeci ξηρὸν vel ξηρίον proprie vocant medicamentum aridum, et quod in pulverem redigi potest, vel vicem pulveris inspergi, erklärte Salmasius (Plinianae exercitationes in Solini polyhistora, Pars II [Parisiis 1629], p. 1022). Ξήριον o. ξηρίον bedeutet aber bei alchemistischen Schriftstellern namentlich ein Präparat, welches bei Arbeiten zum Zweck der Metallveredlung zu erzielen ist, und selbst das was dann auch als Stein der Weisen, Elixir, Tinctur oder Projectionspulver bezeichnet wird. Eine Erklärung speciell dieses Wortes vermisst man allerdings in den, in Sammlungen älterer alchemistischer Aufsätze oft enthaltenen Wörterbüchern. Dasjenige, welches Bernard im Anhange zu seiner Ausgabe der Schrift des Palladios von den Fiebern [Leyden 1745], p. 120—148, nach d'Orville's Abschrift desselben aus einer Venetianer Handschrift, abdrucken liess, enthält das Wort ξήριον nicht, wohl aber für Ἡλικτρον (sic; Du Cange hat ἤλεκτρον) die wenig belehrende Erklärung: ἔστιν τὸ τέλειον ξηρίον. Auch die in vier Handschriften der Pariser Bibliothek, über welche Ameilhon in dieser Beziehung Nachricht gegeben hat (Notices et extraits des manuscrits de la bibliothèque nationale — —, T. V [à Paris, an VII], p. 374 ss.), sich findenden derartigen Wörterbücher scheinen eine Erklärung des Wortes ξήριον nicht zu enthalten; aber in zwei Handschriften steht die Erklärung: Πτῆσις ἐστὶ ἕψησις, καὶ ξάνθωσις ξῆρις (in der einen Handschrift; in der anderen zu ξῆρα corrigirt) καὶ θεῖον (Ameilhon a. e. a. O., p. 381; das Wörterbuch der eben erwähnten Venetianer Handschrift hat diese Erklärung nicht). Anknüpfend daran, dass bei einem anonymen christlichen alchemistischen Schriftsteller besprochen wird ἡ τοῦ μέλανος ξηρίου κατασκευή, bemerkt Gruner (a. a. O., p. 21): Est vero id xerion, varie, sed mystice a chemicis descriptum, sine dubio pulvis quidam tingens. Hieran erinnernd hat Höfer (Histoire de la chimie, 2. éd., T. I, p. 258) — allerdings anscheinend einem älteren alchemistischen Wörterbuch entnommen — die Erklärung: Le xerium, ξηρίον, était une poudre (sèche) de projection. Ganz bestimmt in der Bedeutung als Stein der Weisen hat das Wort ξήριον o. ξηρίον der um die Mitte des 13ten Jahrhunderts lebende Nikephoros

„ziemlich unverständlich". — Uebrigens ist es bestritten, dass die
Ueberschrift jener Recepte wirklich einen Philippos als Den angebe, von welchem sie herrühren; und rühren sie auch von einem

Blemmydes, von welchem eine Abhandlung περὶ χρυσοποιΐας in einer
Handschrift der kaiserl. Bibliothek zu Paris erhalten ist; Höfer (Histoire de
la chimie, 1. éd., T. I [Paris 1842], p. 343 s.; 2. éd., T. I [Paris 1866], p. 362 s.)
hat den Inhalt derselben besprochen und einige Stücke aus derselben veröffentlicht, u. a. auch das worin angegeben wird, dass das purpurfarbene Pro-
jectionspulver (τὸ ξηρίον ὀξυπορφύρεον) in kleiner Menge auf geschmolzenes
Silber geworfen eine viel grössere Menge desselben zu Gold umwandele.   An
das Wort ξήριον o. ξηρίον erinnernd kommt nun auch in alchemistischen
Schriften das Wort κήριον o. κηρίον vor, für welches man in den griechischen
Wörterbüchern die Bedeutungen: Wachskuchen o. Wabe, auch eine Art von
Ausschlag angegeben findet.   Aber Nichts bezüglich einer Bedeutung dieses
Wortes in chemischem Sinne hat des Stephanus Thesaurus graecae linguae
(in der Bearbeitung von Hase und Dindorf, Vol. IV [Paris 1841], p. 1525 sq.),
und vergeblich consultirt man auch Du Cange's Glossarium mediae et infimae graecitatis.   Ich habe bereits bei der Besprechung des Synesios (S. 156,
Anm. 40) erwähnt, dass bei ihm (Fabricii Bibl. gr., Vol. VIII [Hamburgi 1717], p.
239) κήριον in einer ganz an ξήριον erinnernden Bedeutung vorkommt. Das oben
erwähnte Wörterbuch der Venetianer Handschrift (bei Bernard a. o. a. O.,
p. 131) hat die Erklärung: Κήριον τὸ στερείον, εἰσὶ τὰ στερεὰ σώματα; ebenso,
nur στέρεον statt στερείον, haben nach Ameilhon (a. o. a. O., p. 380) diese
Erklärung zwei Pariser Handschriften, während zwei andere κυρίον statt κηρίον haben; cette dernière leçon, κηρίον, sagt Ameilhon, est préférable,
parce que ce mot paroit assez fréquemment dans les autres ouvrages de nos
chimistes grecs, avec l'interprétation qu'on lui donne ici, und er giebt den
Sinn der Erklärung lateinisch wieder: Favus solidus, ou plutôt cera solida,
sunt corpora solida. — Es kommt in den Sammlungen griechischer alchemistischer Schriften ein Aufsatz vor, dessen Ueberschrift zeigt, dass es sich
in ihm um das ξήριον als Etwas alchemistisch Wichtiges handelt.   In der
Wiener Handschrift sind nach Lambeck (Commentariorum de bibliotheca
caes. vindobonensi L. VI., ed. Kollarii [Vindobonae 1780], p. 409) auch enthalten: Anonymi cujusdam autoris varia secreta chymica, quorum principium: Περὶ ξηρίου. Τρεῖς δυνάμεις εἰσὶ τοῦ ἀληθεστάτου ξηρίου καὶ τρεῖς
ἐνέργειαι — —. Derselbe Aufsatz findet sich, unter gleichem Titel und mit
dem nämlichen Anfang, auch noch in andern Handschriften; so z. B. in der
früher der Marcus-Bibliothek zu Venedig zugehörigen (Morellii Bibliotheca
manuscripta graeca et latina, T. I [Bassani 1802], p. 177) und der auf der
Bibliothek zu München (Catalogus codicum manuscriptorum graecorum bibliothecae regiae bavaricae, auctore J. Hardt, T. II [Monachii 1806], p. 25), und
wahrscheinlich (mindestens ein Aufsatz unter demselben Titel) in der Altenburger o. Gothaer Handschrift (Fr. Jacobs u. F. A. Ukert's Beiträge zur
ältern Litteratur o. Merkwürdigkeiten der herzogl. Bibliothek zu Gotha, Bd. I,
Hft. 2 [Leipzig 1835], S. 217).

Philippos her, so ist keineswegs in auch nur etwas sicherer
Weise dargethan, dass dieser Philippos gerade der Philippos
Sidetes gewesen sei, welcher in der zweiten Hülfte des 4ten
und bis in das zweite Viertel des 5ten Jahrhunderts lebte [202]); und

---

[202]) Rührt der Inhalt dieser Recepte von einem Philippos her? und
dann: war dieser Philippos der aus Side oder ein anderer? Oder kommt
das Wort Philippos in den Ueberschriften gar nicht als Angabe Dessen, von
welchem der Inhalt stamme, vor, sondern zur Angabe der Zeit, wann die
durch diese Recepte gelehrten Operationen beschrieben worden waren? Diese
Fragen sind in sehr verschiedenem Sinne beantwortet worden. Lambeck,
Lenglet du Fresnoy, Schmieder u. A. nehmen einen Philippos als
Den, von welchem jene Recepte herrühren, an. Gruner (a. o. a. O.) giebt
die Ueberschrift: — — ἀπὸ ἀρῆς Φιλίππου und die Uebersetzung: Tinctura
aeris apud Persas inventi descripta ab praestanti Philippo. Dass dieser Philippos der aus Side gewesen, wurde von Lambeck mehr vermuthungsweise
besprochen, als irgend bewiesen (Lambecii Commentariorum de augustissima
bibliotheca caesarea vindobonensi Lib. VI., ed. Kollarii [Vindob. 1780] p. 406).
Lenglet du Fresnoy (Histoire de la philosophie hermétique [à la Haye,
1742], T. I, p. 58 u. 461, T. III, p. 21), Schmieder (a. o. a. O.) u. A. haben
die Identität unbedingt angenommen, ohne jeglichen Versuch eines Nach-
weises. Aber auch König Philipp von Macedonien, und dann auch ein der
Sophien-Kirche zu Constantinopel zugetheilter Oberpriester Philippos aus
Macedonien sind als Verfasser jener Recepte zur Sprache gekommen (vgl.
S. 215, Anmerk. 213). — Andererseits ist behauptet, Philippos komme in
der Ueberschrift jener Recepte gar nicht als Der vor, von welchem, sondern
als einer, aus dessen Zeit sie herrühren. Dass Lambeck sich mit seiner
Vermuthung geirrt habe, meinte in diesem Sinne noch im 17ten Jahrhundert
Cotelier (Cotelerii Ecclesiae graecae monumenta — —, T. III, p. 598); ἀπὸ
ἀρχῆς Φιλίππου bedeute: schon aus der Zeit des Philippos (vgl. Kollar in
seiner Ausgabe der Lambeck'schen Commentarien a. o. a. O.). Dem Cote-
lerius stimmte bei Fabricius (Bibl. graeca, Vol. VI [Hamburgi 1714], p. 113);
Lambeck irre, wenn er das Fragment de tinctura aeris Persici und ferri Indici dem Philippos von Side zuschreibe: verba βαφὴ τοῦ παρὰ Πέρσαις
ἐξευρημίνου χαλκοῦ γραφεῖσα ἀπὸ ἀρχῆς Φιλίππου, tincturam jam tempore
principatus regis Macedonum Philippi descriptam significant. — Dieser Deutung ist auch zugestimmt in dem Handschriften-Katalog der Turiner Bibliothek (vgl. Anmerk. 206), und von Morelli (vgl. Anmerk. 205). Hardt äussert sich (Catalogus codicum manuscriptorum graecorum bibliothecae regiae
bavaricae, T. II [Monachii 1806], p. 25) bezüglich der Vorschrift zur Tinctur
des persischen Kupfers (welche übrigens so wenig wie die für die Bearbeitung
des indischen Eisens in der Münchener Handschrift enthalten zu sein scheint):
Philippi autem esse mihi persuadere non possum ex eo: ἀπὸ ἀρχῆς Φιλίππου,
quae interpretor, regnante Philippo, idque eo magis, quod sequens titulus sit:
βαφὴ τοῦ ἰνδικοῦ σιδήρου γραφεῖσα τῷ αὐτῷ χρόνῳ, tinctura ferri indici scripta eodem tempore.

andererseits liegen Gründe vor, die Abfassung dieser Recepte, in
der Form in welcher uns dieselben erhalten sind, in eine beträcht-
lich viel spätere Zeit, als die des Zosimos, zu setzen [203]).

Es bleibt mir noch übrig, nach meinen Notizen zusammenzustellen, in welchen Handschriften sich diese Recepte finden. Denn
keineswegs hat sie, wie man nach Schmieder's Angabe zu glauben geneigt sein könnte, einzig nur eine Wiener Handschrift [204]).

---

[203]) Ist, wenn auch der Inhalt dieser Recepte von einem Anderen herrührt, doch die Abfassung derselben in der Form, in welcher sie uns vorliegen, von Zosimos? Dass dies von Mehreren angenommen wurde, geht aus
dem S. 208, Anmerk. 200 Erinnerten hervor; bezüglich des Reinesius
Widerspruch vgl. das S. 214, Anmerk. 207 Angeführte. Auf welchen Grund hin
diese Annahme gemacht wurde, ist mir unbekannt. In keiner Handschrift,
so weit mein Wissen reicht, wird in den Ueberschriften dieser Recepte des
Zosimos Name genannt; in den Katalogen wird wohl auch ausdrücklich
angegeben, dass ihr Verfasser nicht angegeben sei. Sie kommen allerdings
in den Sammlungen auch hinter Schriften des Zosimos vor, aber keineswegs
immer und, so viel zu ersehen, in keinerlei Verband mit ihnen. — Aber in
der Vorschrift zur Bearbeitung des indischen Eisens und in der zur Färbung
des persischen Kupfers kommen arabische Kunstausdrücke vor, was die Ab-
stammung dieser Vorschriften, oder der Form in welcher sie uns erhalten
sind, aus einer Zeit, in welcher die Araber unseres Wissens sich noch gar
nicht mit solchen Gegenständen besonders beschäftigten, mindestens sehr ungewiss sein lässt. So wird z. B. in der ersteren Vorschrift (nach dem Abdruck
bei Schneider) vorgeschrieben ein gewisses Gewicht τοῦ λεγομένου ἰλιλάγ
ἐν ἀράβοις, und auch βίλιλεν; in der zweiten (nach dem Abdruck bei Schneider und bei Gruner) findet sich Erwähnung τοῦ λεγομένου νατίηρ ἐν ἀράβοις. (Vgl. auch unten Anmerk. 213.) Reinesius (de chemicorum graecorum
codice Gothano judicium; in Fabricii Bibl. gr., Vol. XII, p. 752) wollte nach
dem Vorkommen solcher Worte, welche dem Persischen und Arabischen ent-
lehnt seien, in griechischen Schriften die Abfassung der letzteren nicht vor
die Zeit setzen, in welcher die Griechen ihnen abhanden gekommenes Wissen
von den Persern und Arabern wieder erlangt hätten; derartige Schriften
seien nach dem Jahre 900 etwa verfasst. Morhof's (Polyhistor literarius,
Pars I [Lubecac 1695], p. 107) Widerspruch: man könne doch nicht wissen,
ob nicht die Griechen schon früher solche Kunstausdrücke gekannt hätten
u. s. w., ist schwächlich; des Reinesius Zeitangabe übrigens auch etwas
willkürlich. — Die Erklärung einiger solcher arabischer Kunstwörter, welche
er übrigens etwas anders gelesen (ἰλιλέγ, βελιλέγ), hat Salmasius versucht
(Plinianae exercitationes in Solini polyhistora, Pars II [Parisiis 1629], p. 1323 sq.);
über νατίηρ vgl. Gruner a. a. O., p. 20.

[204]) Darin nach Lambeck (Commentariorum de bibliotheca caes. vindobonensi L. VI., ed. Kollarii [Vindobonae 1780], p. 406): Philippi cujusdam

Sie sind auch enthalten in der aus dem 11ten oder 12ten Jahrhundert stammenden Handschrift, welche die Marcus-Bibliothek zu Venedig besass [205]), in einer Handschrift der Bibliothek zu Turin [206]) und in der Altenburger o. Gothaer Handschrift, aus welcher Gruner das eine veröffentlicht hat [207]). Zweifelhaft und

tinctura aeris Persici, et tinctura ferri Indici. Prima harum duarum tincturarum inscribitur atque incipit his verbis: Βαφὴ τοῦ παρὰ Πέρσαις ἐξευρημένου χαλκοῦ γραφεῖσα ἀπὸ ἀρχῆς Φιλίππου. Λαβών — —, secunda autem: Βαφὴ τοῦ Ἰνδικοῦ σιδήρου, γραφεῖσα τῷ αὐτῷ χρόνῳ. Λαβών σιδήρου ἀπάλου — —. Schneider hat a. o. a. O. die Ueberschriften ebenso, nur in der ersten ἐφευρημένου statt ἐξευρημένου.

205) In der Inhaltsangabe einer älteren Sammlung alchemistischer Aufsätze, welche erstere zusammen mit den meisten der letzteren in die Venetianer Handschrift übergegangen ist, sind (im Anhange zu Bernard's Ausgabe der Schrift des Palladios von den Fiebern [Leyden 1745], p. 116), hinter mehreren Schriften des Zosimos, doch ohne Angabe dass der Letztere auch Verfasser der folgenden sei, auch aufgeführt Βαφὴ ἤτοι μεταβολὴ πυροχάλκου πρὸς ἀστρόχαλκον und Βαφὴ καὶ ποίησις τοῦ Ἰνδικοῦ σιδήρου. Dass diese Aufsätze die oben besprochenen Recepte seien, geht mir aus des Morelli Aussage hervor, nach welchem (Bibliotheca manuscripta graeca et latina, T. I [Bassani 1802], p. 176) in dieser Handschrift auch enthalten sind capita, duo, alterum de tinctura aeris apud Persas, jam a tempore dominationis Philippi, alterum de tinctura ferri Indici; ut apud Lambecium Lib. VI, p. 406 nov. ed. (In dieser Handschrift sind ausserdem auch enthalten Modi quatuor tingendi ferrum, quorum primus apud Indos inventus, ab iis ad Persas, deinde ad Graecos transiit, wie Morelli a. e. a. O., p. 176 angiebt.) — Die mit dieser Venetianer Handschrift sonst ziemlich übereinstimmende Handschrift der Bibliothek des Escurial hat (wie aus Miller's Catalogue des manuscrits grecs de la bibliothèque de l'Escurial [Paris 1848], p. 418s. hervorgeht) diese Aufsätze nicht, sondern bietet gegen das Ende hin eine Lücke, welche u. a. auch diese (übrigens in der auch hier erhaltenen Angabe des ursprünglichen Inhalts der älteren Sammlung gleichfalls verzeichneten) Aufsätze umfasst.

206) Codices manuscripti bibliothecae regii Taurinensis athenaei, T. I [Taurini 1749], p. 178. Hiernach ist in dieser Handschrift auch enthalten: Βαφὴ τοῦ παρὰ Πέρσαις ἐξευρημένου χαλκοῦ γραφεῖσα ἀπὸ ἀρχῆς Φιλίππου τοῦ Μακεδόνως οἷος ὁ ἐν ταῖς πύλαις τῆς ἁγίας Σοφίας. Color aeris apud Persas inventi descriptus sub imperio Philippi Macedonis, qualis in portis sanctae Sophiae. Proxime sequitur βαφὴ τοῦ Ἰνδικοῦ σιδήρου γραφεῖσα τῷ αὐτῷ χρόνῳ. Color Indici ferri descriptus eodem tempore.

207) A. o. (Anmerk. 199) a. O. Er hat die Ueberschrift des Receptes zur Färbung des Kupfers ganz so, wie sie Lambeck aus der Wiener Handschrift angegeben hat, nur ἀπὸ ἀρῆς Φιλίππου statt ἀπὸ ἀρχῆς Φιλίππου. Der von Gruner gegebene Text der Vorschrift zur Färbung des Kupfers hat doch, dem von Schneider aus der Wiener Handschrift veröffentlichten gegenüber, zahlreiche Varianten. Als Haupttitel beider Vorschriften scheint

theilweise unwahrscheinlich ist es mir, ob das eine dieser Recepte
enthalten sei in einer Handschrift einer Bibliothek zu Montpellier [208]) oder in einer Handschrift der Bodleyanischen Bibliothek
zu Oxford [209]). Keines dieser Recepte sollte man, nach Höfer's
ausdrücklicher Angabe [210]), in den Handschriften der jetzt kaiserlichen Bibliothek zu Paris zu finden erwarten; und wirklich war
auch keines enthalten in der dem Fabricius zugekommenen Abschrift einer Pariser Handschrift [211]). Aber schon Montfau-

---

übrigens die Altenburger o. Gothaer Handschrift zu haben: *Περὶ βαφῆς σιδήρου*; vgl. Jacobs u. Ukert's Beiträge zur ältern Litteratur o. Merkwürdigkeiten der — — Bibliothek zu Gotha, Bd. I, Hft. 2 [Leipzig 1835], S. 217. Womit das, auch in anderer Beziehung beachtenswerthe, übereinstimmt, was des
Reinesius de chemicorum graecorum codice Gothano judicium (in Fabricii
Bibliotheca graeca, Vol. XII [Hamburgi 1724], p. 752) — nach vorgängiger
Besprechung, dass in diesen Vorschriften arabische Kunstausdrücke vorkommen — bemerkt: quod si observasset Salmasius, caput *περὶ ποιήσεως χαλκοῦ ξανθοῦ*, quod in praesenti codice ms. f. 112 b sub titulo *βαφὴ τοῦ Ἰνδικοῦ σιδήρου* legitur, non adscripsisset Zosimo, ne dicam, quod in ipso capite
Zosimus nominatim allegetur. Beide Vorschriften hat Salmasius dem Zosimos zugeschrieben in Plinianae exercitationes in Solini polyhistora, Pars II
[Parisiis 1629], p. 1323 sq.; Zosimos wird citirt in der Vorschrift zur Bearbeitung des indischen Eisens, auch wie diese Schneider veröffentlicht hat
(Eclogae physicae, Bd. II, S. 97).

[208]) Als in einer solchen enthalten wird von Montfaucon (Bibliotheca
bibliothecarum manuscriptorum nova [Parisiis 1739], p. 1200) angeführt, nach
vorhergehender Erwähnung eines Aufsatzes von einem Araber Salmana:
Tinctura ferri Indici eodem auctore.

[209]) Darin nach Coxe (Catalogi codicum manuscriptorum bibliothecae
Bodleianae Pars III. [Oxonii 1854], p. 89): Anonymus quidam de ferri tinctura. Tit. *Περὶ βαφῆς σιδήρου*. Inc. *βαφὴ ↑ ἐστὶν ἡ σχεδὸν ἅπασι.* Dieser
Anfang ist ein anderer, als der des oben besprochenen, ähnlich überschrie-
benen Aufsatzes in der Wiener Handschrift; diese Anfangsworte kommen in
dem von Schneider aus der letzteren Handschrift veröffentlichten Texte
überhaupt nicht vor.

[210]) Histoire de la chimie, 2. éd., T. I [Paris 1866], p. 261: Les seuls
manuscrits grecs de Zosime le Panopolitain, qui aient été, autant que nous
sachions, jusqu'à présent imprimés, sont: *de zythorum confectione fragmentum
nunc primum graece (e cod. Gothano) ac latine editum a Ch. Gruner; —
Fragmentum de Persica cupri tinctura, edidit J. G. Schneider*, in Animad-
vers. ad Eclogas physicas, p. 95. Voy. *Bibl.* de Hoffmann. Aucun de ces
fragments ne se trouve dans la collection des mss. grecs de la Bibl. impériale de Paris.

[211]) Deren Inhalt er in seiner Bibliotheca graeca, Vol. XII [Hamburgi
1724], p. 760—775 besprochen hat.

con²¹²) hatte darauf hingewiesen, dass eine, eines dieser Recepte enthaltende Handschrift in jene Bibliothek gekommen sein möge, und ich habe keinen Zweifel, dass mindestens das für die Färbung des Kupfers sich in den Manuscripten der genannten Bibliothek findet; wahrscheinlich aber sind beide Recepte in denselben enthalten²¹³). Beide auch wohl in der Handschrift der Bibliotheca Laurentiana zu Florenz²¹⁴).

---

²¹²) Er giebt in seiner Bibliotheca bibliothecarum — —, p. 773 an, in einer einige chemische Aufsätze enthaltenden Handschrift der Bibliothek des Cardinál Radulphus, deren Manuscripte meistens in die Bibl. regia (zu Paris) gekommen seien, sei auch: Tinctura aeris apud Persas reperti, scripta ἀπὸ ἀρχῆς Philippi Macedonis.

²¹³) In Cod. 2275 dieser Bibliothek sind nach Catalogus codicum manuscriptorum bibliothecae regiae, T. II [Parisiis 1740], p. 475 (auch Lenglet du Fresnoy's Histoire de la philosophie hermétique [à la Haye, 1742], p. 13) enthalten: Anonymus, de tinctura auri (sic), a Persis inventi, temporibus Philippi Macedonis und Anonymus, de tinctura ferri, plumbi, etc., und nach Höfer's eigener Angabe (a. a. O., p. 299): La trempe du cuivre inventée chez les Perses et décrite par Philippe, roi de Macédoine: Und dann (p. 300) bemerkt Höfer noch: Le même traité (βαφὴ τοῦ παρὰ Πέρσαις ἐξευρημένου χαλκοῦ) se trouve, avec des variantes, dans le manuscrit 2249, fol. 39 (der eben citirte ältere Katalog führt diesen Aufsatz als in dieser Handschrift enthalten nicht auf). L'auteur s'appelle également Philippe; ce n'est point le roi de Macédoine, mais un archiprêtre macédonien (ἀρχιερεύς), attaché au temple de Sainte-Sophie, à Constantinople. A juger par certaines phrases, l'écrit n'est pas antérieur au huitième siècle. Il est question des Arabes et des savants Ismaélites, dans le chapitre intitulé: Fabrication du cuivre jaune (ποίησις τοῦ χαλκοῦ ξανθοῦ). L'auteur parle aussi, en termes un peu obscurs, de la trempe du fer indien „avec lequel on fabrique, dit-il, de fameux sabres (τὰ θαυμάσια ξίφη). Cette trempe a été inventée par les Indiens, auxquels l'ont empruntée les Perses; et de là, la connaissance en est venue jusqu'à nous". Il emploie d'ailleurs beaucoup de mots arabes, tels que tuthie, elileg, natiphi, etc. Il cite aussi le nom de Marie, dans des recettes chimiques. — Manches hier von Höfer Angegebene stimmt allerdings nicht dazu, wie sich die in Besprechung stehenden Vorschriften bei Schneider und bei Gruner mitgetheilt finden; es wird dieses aber von Anderen als anderswo stehend angegeben. So z. B. hat Gruner (a. o. a. O., p. 17) Folgendes: In cod. bibl. D. Marci — — leg. haec inscriptio (die oben Anmerk. 205 angeführte), quam et Zosimus habet, ea cum additione, γραφεῖσα τῷ αὐτῷ χρόνῳ; Salmas. Plin. Exercit. p. 1323 ita refert, περὶ ποιήσεως χαλκοῦ ξανθοῦ, βαφὴ πρὸς ξίφη καὶ ἐργαλεῖα λοξευτικά. Christianus in Synopsi hanc ferri tincturam Persis deberi negat, unaque addit haec verba, εὑρέθη ὑπὸ τῶν Ἰνδῶν, καὶ ἐξεδόθη Πέρσαις, καὶ παρ' ἐκείνων ἦλθεν εἰς ἡμᾶς. Solebant vero artifices veteres ferrum durare arte quadam, ἐξ ἧς καὶ τὰ θαυμάσια ξίφη τεκταίνονται; Reinesius Var.

Lect. III. 15, p. 583 leg. τὸν ἰνδανικὸν σίδηρον καὶ τὰ δαμασκηνά. (Die Stelle ist bei Reinesius etwas anders: vom Verzieren stählerner Gegenstände, Schwertklingen u. a., spreche autor chemicus graecus περὶ τοῦ θείου ὕδατος ad Sergium — — et jungit τὸν ἰνδανικὸν σίδηρον καὶ τὰ θαυμάσια ξίφη, ubi δαμασκηνά intelligenda sunt.) Darüber, wo die σοφοὶ τῶν Ἰσμαηλιτῶν genannt werden, vgl. oben S. 205; in dem von Schneider und von Gruner Veröffentlichten kommen sie nicht vor. In dem Recept zur Bearbeitung des indischen Eisens, wie es Schneider veröffentlicht hat, wird auch nicht Maria mit Namen genannt, wohl aber darauf Bezug genommen, was ἡ Ἑβραία προφῆτις ausgesprochen.

214) Catalogus codicum graecorum bibliothecae Laurentianae — —, auctore A. M. Bandinio, T. III [Florentiae 1770], p. 356.